Martin Luther

Sendbrief an Papst Leo X.

Von der Freiheit eines Christenmenschen

Martin Luther

Sendbrief an Papst Leo X.
Von der Freiheit eines Christenmenschen

ISBN/EAN: 9783743485266

Hergestellt in Europa, USA, Kanada, Australien, Japan

Cover: Foto ©Lupo / pixelio.de

Manufactured and distributed by brebook publishing software (www.brebook.com)

Martin Luther

Sendbrief an Papst Leo X.

Sendbrief an Papst Leo X.
Von der Freiheit eines Christenmenschen.
Warum des Papsts und seiner Jünger Bücher von D. Martino Luther verbrannt seien.

Drei Reformationsschriften aus dem Jahre 1520

von

Martin Luther.

Halle a/S.
Max Niemeyer.
1879.

Noch ehe Eck die Bannbulle gegen Luther veröffentlichen konnte, hatte Miltitz in den ersten Tagen des September 1520 den Reformator durch Staupitz und Linck zu bestimmen gewusst, dass er „in aller Demuth" dem Papste Leo X. brieflich erkläre, niemals seine Person angegriffen zu haben. Obgleich sich Luther davon keinen Erfolg versprach, war er doch darauf eingegangen, unter der Voraussetzung, dass inzwischen keine weiteren Schritte gegen ihn gethan würden. Nachdem dann aber Eck zu Ende des Monats in Meissen, Merseburg und Brandenburg die Bulle öffentlich hatte anschlagen lassen, glaubte sich Luther von seiner Zusage entbunden. Nur auf höheren Wunsch stellte er sich noch einmal zu einer Unterredung mit Miltitz. Diese fand am 12. October in Lichtenberg statt. Hier wurde abgemacht, dass Luther dem Papst ein Büchlein widmen und es nebst einem Briefe „in Latein und Deutsch" ausgehen lassen solle, in Rücksicht auf jene frühere Vereinbarung aber mit dem Datum: „6. September", damit, wie Miltitz sich ausdrückte, „niemand sagen möchte, Eck hätte ihn mit seiner Bulle dazu gedrungen" (s. Tentzels Histor. Bericht, Gotha 1717. S. 449 unter den von Cyprian mitgetheilten Nützl. Urkunden). So entstanden die zwei ersten Stücke unseres Heftes, Luthers „Sendbrief an den Papst Leo X." und seine Schrift „von der Freiheit eines Christenmenschen."

Lateinisch erschienen beide vereint unter dem Titel: „EPISTOLA LVTHERIANA | AD LEONEM DECIMVM SVM= | MVM PONTIFICEM. | ¶ TRACTATVS DE LIBER= | TATE CHRISTIA= | NA. | ‛⁀ | Vuittembergæ." Am Schlusse des Druckes steht: „ANNO DOMINI | M. D. XX." Die Ausgabe umfasst, das letzte leere Blatt nicht gerechnet, 4¼ Bogen in 4° mit den Signaturbuchstaben a, B, C, D (D 5 Bll.): sie entstammt, nach den

Typen zu urtheilen, Johann Grünenbergs Officin in Wittenberg. Noch in demselben Jahre ward sie nach Panzers Ann. typogr. von Michael Hillenius zu Antwerpen nachgedruckt. Verbessert, zum Theil nur sprachlich geändert ist der Text in folgender Ausgabe: „EPISTOLA | LVTHERIANA AD LEONEM | DECIMVM SVMMVM | PONTIFICEM. | LIBER DE CHRISTIANA LIBER= | tate, continens summam Christianæ doctri= | næ, quo ad formandam mentem, & ad in | telligendam Euāgelii vim, nihil absolu | tius, nihil cōducibilius neq̄ a veteri= | bus, neq̄ a recentioribus scriptori | bus ḓditū est. Tu Christiane | lector, relego iterum atq̄ | iterum, & Christum | imbibe. [Blättchen] | RECOGNITVS VVITTEMBERGAE." 21 bedruckte Bll. in 4°; am Ende: „ANNO DOMINI | M. D. XXI." Typen und Initial auf Bl. Bij ͣ weisen auf Melchior Lotther in Wittenberg als Drucker hin. Eigenthümlich ist die Stellung, welche der nach den Initialen auf Bl. Aij ͣ und Biij ͣ in Basel bei Adam Petri herausgekommene Nachdruck einnimmt: meistens nämlich folgt er der Lottherschen, bisweilen aber im Gegensatz zu ihr der Grünenbergschen Ausgabe. Sein Titel ist: „[Blättchen] EPISTOLA | LVTHERIANA AD LEONEM | DECIMVM SVMMVM | PONTIFICEM. | DISSERTATIO DE LIBERTATE | CHRISTIANA PER AVTO | REM RECOGNITA. | VVITTENBERGAE." 25 bedruckte Bll. in 4°; am Ende: „ANNO DOMINI | M. D. XXI." Bei den übrigen Drucken, welche zu Luthers Lebzeiten erschienen sind, soweit sie uns bekannt geworden, ist entweder der Lottherische oder der Petrische Text zu Grunde gelegt.

Besonders übersetzt aus dem Lateinischen, obgleich die deutsche Bearbeitung von Luther selbst schon erschienen war, gab Leo Iud, Leutpriester zu Einsiedeln, beide Schriften in schweizerischer Mundart heraus. Ihr Titel lautet hier: „Ein nutzliche frucht= | bare vnderwyſüg was da | ſy ber gloub vn̄ ein war | chriſtenlich leben, ge | macht durch D. | Martinum | Luther." und hat eine aus vier Leisten bestehende Einfassung, in welcher unten zwei Löwen ein Wappen halten. Am Ende des 34 Blätter in 4° umfassenden Drucks steht: „Hie endet ſich die fruchtbar | vnderwyſung was da ſy der gloub, vnb ein war Chri= | ſtenlich lebē, gemacht durch Doctor Martinum | Luther, Getruckt zů Zürich durch Chri= | ſtoffel Froſchouer, jm jar nach Chri | ſti geburt. M. D. XXI." Leo Iud urtheilt über Luthers

„büchlin": „Das hat mir so wol gefallen das mich bedunckt, das ich vor nie bessers vnd nutzlichers gelesen hab," und er hofft, wenn die Nonnen zu Einsiedeln, denen er seine Uebersetzung widmet, es mit Fleiss und Ernst läsen, so würden sie in kurzer Zeit ihr Leben „verändern- und wahrhaft geistlich werden. Um aber eine Probe von seinem Deutsch zu geben und eine Vergleichung mit Luthers Arbeit zu ermöglichen, setzen wir die Stelle her, die dem Anfang unserer zweiten Schrift S. 18 entspricht, Bl. C⁴ bei Leo Iud: „Da mit ich den einfaltigen, schlechten, vnuolkummnen (vmb deren willen ich das schrib) ein lichten weg anzeig, setz ich hie anfencklich zwey houpt=stuck als ein grund vnd pfyment, biser gantzen matery [C^b] Das erst: Ein Christen mensch, ist aller ding fryer herr, nieman vnder=worssen. Das ander: Ein Christen mensch, ist ein flyssiger diener vnd knecht aller, allen vnder worssen."

Noch vor dem lateinischen ging der deutsche Text beider Schriften im Druck aus. Miltitz bezeugt dies ausdrücklich in einem Briefe an Pirckheymer vom 16. November 1520 (s. Riederers Nachrichten zur Kirchen-, Gelehrten- und Bücher-Geschichte I, S. 170): „Ich schick E. achbarkeyt alhie Eyne Epistel die Doctor martinus hat an bebstliche heyligkeit geschriben cum tractatulo de libertate christiana, welche noch nicht gantz gefertigt Im latino ist, sunder betz ist Er aussgangen." In der deutschen Ausgabe trennte Luther den Sendbrief von dem Traktat und widmete letzteren dem Stadtvogt zu Zwickau Hieronymus Mülphordt. Wir besprechen sie daher einzeln, berücksichtigen aber nur Drucke, die zu des Reformators Lebzeiten erschienen sind.

I. Luthers Sendbrief an Papst Leo X.

A. Den Titel der Urausgabe giebt unser Heft S. 1 mit geringer Abweichung in der Typenform genau wieder. Ihr Umfang beträgt mit dem letzten leeren Blatte 2 Bogen in 4°, signirt A und B. Der Druck ist unzweifelhaft von Johann Grünenberg in Wittenberg. Sonst ist nur noch folgende Sonderausgabe bekannt:

B. „Ein sendbrieff an den Bapst | Leo. den tzehenden. D: | Martinus Luther | aufz dem latein | infz beütsch | vorwan= | delt. |

Wittembergk | 1520." gleichfalls 2 Bogen in 4° stark, das letzte Blatt leer, die Signatur A und B. Es ist ein blosser Nachdruck von A, der sich fast Zeile für Zeile an seine Vorlage hält, nur dass die Orthographie oberdeutsch ist: er scheint aus der Officin von Jörg Nadler in Augsburg zu stammen.

II. Luthers Schrift von der Freiheit eines Christenmenschen.

Nach der „Allg. Evang.-Lutherischen Kirchenzeitung" 1879 Sp. 397 f. befindet sich das handschriftliche Original jetzt im Generalarchiv der evang. Kirche Augsb. Confession zu Pest, und zwar ausnehmend gut erhalten: es trägt die Aufschrift: „Von der freyheit eines Cristen menschen." Die Initialen der Absätze, sowie die Anfangsbuchstaben einzelner Wörter sind mit zinnoberrother Farbe geschrieben; das ganze Manuscript umfasst zwanzig, jetzt in Saffian gebundene Blätter in Klein-Quart; das Papier ist stark und mit einem kreisrunden Wasserzeichen versehen. Falls das Exemplar von Luthers Hand ist, hätten wir anzunehmen, dass der erste Druck nach einer davon genommenen Abschrift veranstaltet worden, weil es sonst nicht so gut erhalten geblieben sein würde.

A. Als Urdruck ist diejenige Ausgabe anzusehen, deren Titel mit geringer Abweichung in der Form der Typen unser Heft S. 15 darstellt, nur dass er dort in einer Einfassung steht, welche oben die sächsischen Schwerter, an der einen Seite einen Pilger mit einem Rosenkranz, an der andern einen von Bienen umschwärmten Trinker, unten zwei Thürme mit einem Wappen zeigt. Sowohl diese Titeleinfassung als die Typen zeugen für Johann Grünenberg in Wittenberg als Drucker. Die Ausgabe umfasst 3 Bogen in 4° mit der Signatur A, B, C.

Nachdrucke, die uns vorgelegen haben:
B. „Von der freyheyt | eynes Christen | menschen. | Martinus Luther. | Czu Wuittenberg: Im | XX. iar." Mit Titeleinfassung: unten singende Engel, rechts von ihnen Joseph und Maria mit dem Christkinde, links Elisabeth mit dem kleinen

Johannes; an den Seiten und oben Engel in den mannigfachsten Stellungen. Hiernach stammt der Druck aus Melchior Lotthers Officin zu Leipzig, wozu auch die Typen stimmen. Der Umfang beträgt 4 Bogen in 4°, signirt 𝔄—𝔇.

C. „𝔙on ber frehhen̄t | ehnes Christen | menschen. | Martinus Luther. | Cȥu Buittenbergl̄: Im | XX iar." Mit derselben Titeleinfassung und denselben Typen, demnach aus derselben Druckerei, wie B: ebenfalls 4 Bogen in 4° mit letzter leerer Seite, signirt 𝔄—𝔇. Im Innern weicht C von B orthographisch ab.

D. „𝔙on ber Frehhaht | 𝔄ines Christen | menschen. | Martinus Luther | Buittenbergae | Anno bomini. | 1 5 2 0". Die Einfassung des Titels stellt eine Laube mit mancherlei Thieren dar; unten halten zwei nackte Knaben ein Wappenschild mit dem Monogramm des Strassburger Druckers Renatus Beck. 3 Bogen in 4°, signirt 𝔄—ℭ. Am Ende zwischen zwei Blättchen: „¶ Ihesus."

E. „𝔘on ber freihaitt | 𝔄ines Christen menschen. | Martinus Luther. | Buittenbergae Anno bn̄i. | 1 5 2 0." Darunter ein Holzschnitt, einen Mönch mit einem Rosenkranze darstellend. Die Titeleinfassung bilden 4 Randleisten, von denen die rechte und linke eine kantige Säule, die obere und untere Blumengewinde zeigen. 3 Bogen in 4°, signirt 𝔄—ℭ. Am Ende: „☞ Ihesus." Den Typen nach dürfte Jörg Nadler zu Augsburg der Drucker sein.

F. „𝔙on ber Frehhaht | 𝔄ines Christen | menschen. | [Blättchen]" Die Titeleinfassung hat sehr grosse Aehnlichkeit mit einer, welche Thomas Anshelm anzuwenden pflegte. 3½ Bogen in 4° mit den Signaturbuchstaben a—c (c 6 Bll.). Am Ende: „¶Ihesus." Luthers Widmungsbrief an Hieronymus Müllphordt fehlt hier.

G. „𝔙onn ber Frehheht | ehniß Christenn | menschen. | D. Martinus Luther. | Wittembergl̄. | 1 5 2 1." Mit Titeleinfassung: oben die sächsischen Schwerter in einem von zwei Engeln gehaltenen Wappenschilde; an der einen Seite ein Engel, der die Flöte bläst, an der anderen ein Engel, der die Guitarre spielt; unten das Wittenberger Stadtwappen, rechts davon zwei Engel, links ein Knabe, der schlafend auf einer Trommel liegt. Am Ende der Schrift, welche 3 Bogen stark ist, steht: „¶ Gedruckt zu Wittembergk durch | Johan. Grunenbergk. 1521." Signatur: a—c; letzte Seite leer.

H. „Von der Freyheit eynis | Christen menschen. | Martinus Luther. | Vuittenbergae. M. D. Xxi." 3½ Bogen in 4°, signirt a—c (c 6 Bll.); letzte Seite leer. Luthers Brief an Mülphordt ist datirt: „Zu Wyttemberg. M. D. Xxi." Der Druck ist jedenfalls von Melchior Lotther; fraglich bleibt nur, ob von dem älteren in Leipzig oder, was wahrscheinlicher, von dem jüngeren in Wittenberg.

I. „Von der freybait | ains Christen | menschen. | Martinus Luther. | [Blättchen] | M. D. XXI." Die Titeleinfassung stellt eine Reihe komischer Scenen dar: sie sowohl als die Typen weisen auf Silvan Ottmar zu Augsburg als Drucker hin. Mit dem letzten leeren Blatte beträgt der Umfang 3½ Bogen in 4°, welche A—C (C 6 Bll.) signirt sind. Am Ende steht: „Finis." Luthers Brief an Mülphordt hat keine Datumsbestimmung.

K. „Von der freyheit | eins Christē men | schen: Von Martino Luther | selbs dütsch | gemacht. | Zů Bittenberg | Jm XXI. iar." 4 Bogen in 4°, signirt A—D; letztes Blatt leer. Am Ende das Impressum: „Gedruckt zů Basel durch | Adam Petri." In dieser Ausgabe haben die einzelnen Abschnitte Ueberschriften.

L. „Van der fryheyt eynes | Christen mynschen. | D. Martinus Luther. | wittemberch Jm | xxiij. Jare." Nach der Titeleinfassung, worin oben ein Korb, auf der einen Seite ein Pilger, auf der andern eine Nonne, unten ein Gesicht zwischen zwei Füllhörnern, rührt der Druck von Melchior Lotther in Wittenberg her. Er umfasst 3¾ Bogen in 4°, signirt A—D. Die Sprache ist niederdeutsch.

Für die Drucke, welche wir nicht selbst eingesehen haben, verweisen wir auf Wellers Repertorium typographicum und Luthers sämmtliche Werke Erlanger Ausgabe Bd. 27. Es sind, nach den Jahren geordnet, folgende:

M. 1520: Weller No. 1525. Erl. Ausg. No. 11.
N. 1520: Weller No. 1524.
O. 1521: Weller No. 1842.
P. 1523: Weller No. 2519.
Q. 1523: Erl. Ausg. No. 8.
R. 1524: Weller No. 2995.

S. 1524: Erl. Ausg. No. 10.
T. 1525: Weller No. 3496.
U. 1526: Weller No. 3863.
V. Ohne Jahresangabe: Weller No. 1528. Erl. Ausg. No. 16.
W. Ohne Jahresangabe: Weller No. 1526. Erl. Ausg. No. 15.

Nach Luthers Tode ist unsere Schrift vielfach wieder aufgelegt worden, zum ersten Male, soviel wir wissen, im Jahre 1563, zuletzt nebst zwei anderen in: „Die brei großen Reformationsschriften Luthers vom Jahre 1520, herausgegeben von Lic. th. L. Lemme. Gotha, 1875."

Ecks Vorgehen hatte in der Nähe Luthers nicht den erwarteten Erfolg: mit Hohn und Spott ward die Bulle hier aufgenommen; auch die Gegner der Reformation wagten nicht sofort ihr Folge zu leisten. Dagegen in der Ferne zündete der Bannstrahl: in Cöln und Löwen verbrannte man die Bücher des Ketzers. Luther war davon keineswegs überrascht; er kannte die Sprache Roms und seiner Anhänger, und schon bei dem ersten Gerücht von dem Erlass der Bulle erklärte er sich entschlossen, in gleicher Sprache zu antworten (s. De Wette, Luthers Briefe, Bd. I. S. 466). Jetzt war die Zeit dazu gekommen, und er zögerte nicht: am 10. December vollbrachte er die kühnste seiner Thaten, die öffentliche Verbrennung des päpstlichen Rechts und der Bannbulle. Von diesem Schritte musste er Rechenschaft ablegen: er that es lateinisch und deutsch.

Lateinisch erschien Luthers Rechtfertigungsschrift unter dem Titel: „Quare Pontifi | cis Romani et di | scipulorum eius Li | bri a D. Martino | Luthero com | busti sint. | Commonstret vicissim quisquis | volet: cur D. Lutheri | libros exusse | rint. Wittenberg." in 4°, am Ende: „Finis." (So nach der sog. Erlanger Ausg. von Luthers Werken: Opp. lat. var. arg. vol. V. p. 252.)

Zahlreicher sind die deutschen Ausgaben, von denen uns folgende vorgelegen haben:

A. Die Urausgabe haben wir in unserem Hefte S. 41 ff. zum Abdruck gebracht: Titel und Impressum sind darin dem Original entsprechend wiedergegeben. Der Umfang beträgt mit dem letzten leeren Blatte 2 Bogen in 4°, signirt 𝔄 und 𝔅. Auf dem von uns benutzten Exemplar stand die handschriftliche Widmung: „Glorioso. d̄no Eccio. D. p̄ceptori suo colendiss: | F. I. Z. P. A."

B. „Warumb des Bapſts vnd ſey= | ner Jungern̄ bucher von | Doct. Martino Lu | ther vorbrāt | ſeynn̄. | Laſz auch anzeygen wer do | wil. warumb ſie D. Lu= | thers bucher vor= | prennet ha= | ben̄. | Wittembergk. | D. M. | xx." Mit dem letzten leeren Blatte 2 Bogen in 4°, signirt 𝔄 und 𝔅. Am Ende: „¶ Gedruckt zu Wittembergk Nach | Chriſt geburt, 1 5 2 0. | J A R. |" Sicherlich aus derselben Officin wie A, dessen Druckfehler beibehalten sind, also von Johann Grünenberg zu Wittenberg gedruckt.

C. Im Titel wie B, nur zuletzt heisst es hier: „Wittembergk. | M. D. | xx. | ." Umfang, Signatur, Impressum wie bei B; im Text grössere Verschiedenheiten orthographischer Art, auch ist ein Druckfehler verbessert.

D. „Warumb des Bapſts vn̄ ſeyner | Jungern bucher von Doc. | Martino Luther vor= | brant ſeyn. | Laſz auch anzeygen wer do wil | warumb ſie Doc. Luthers | bucher vorbrennet | haben. | Wittembergk. | D. M. L. | .xx." 2 Bogen in 4° (letzte Seite leer), signirt 𝔄 und 𝔅. Am Ende: „☙ Gedruckt zu Wittembergk Nach | Chriſti geburt. M. D. XX. | J A R." Ein Druckfehler, der in A, B und C sich findet, ist hier verbessert. Ohne Zweifel stammt der Druck aus Melchior Lotthers Officin.

E. „Warumb des Bapſts vnd ſey | ner Jungern̄ bucher von | Doct. Martino Lu= | ther vorbrāt | ſeynī. | Laſz auch anzeygē wer do | wil. warumb ſie D. Lu= | thers bucher vor= | prennet ha= | ben̄. | wittembergk | D. M. | xx." Der ganze Titel ist Holzschnitt. Mit dem letzten leeren Blatte 2 Bogen in 4°, signirt 𝔄 und 𝔅. Am Ende: „¶ Gedruckt zu Wittembergk Nach | Chriſti geputt, 1 5 2 0. | J A D." Trotz der Angabe im Impressum scheint es kein Wittenberger Druck, die Typen weisen eher auf Jobst Gutknecht in Nürnberg als Drucker hin.

F. „Warumb des Babſts vnd | ſiner Jungern bůcher von Doctor | Martino Lůther ver | brendt ſind. | ☙ Laſz ouch anzeygen | wer da wil, warumb ſy Doc= | tor Luthers bůcher verbrent haben. | Wittenberg. M. D. XX." 2 Bogen in 4° (letzte Seite leer), signirt 𝔄 und 𝔅. Weller No. 1596 hält Adam Petri in

Basel für den Drucker; allein es ist vielmehr Chr. Froschower in Zürich anzunehmen, mit dessen Typen durchgängige Uebereinstimmung stattfindet, und auch die Sprachformen des Druckes sprechen dafür.

G. „Unberrichtung warumb des | Bapſts vnd ſeiner jünger bůcher von | Doctor Martino Luther | verprent ſeind. | [Blättchen] | Laß auch anzaygen Wer da wil | Warumb ſy D. Luthers bůcher | verprent haben. | Zu Wittemberg." 1½ Bogen in 4° (letzte Seite leer); Signatur: . ij iij iiij . . Drucker nicht bekannt.

H. „⁋ Warumb des Babſts vnd ſehner Jung | ernñ bůcher von Doctor Martino | Luther verbrant ſehndt. | ⁋ Laß auch anzaigen | wer da wil. warumb ſie Doc= | tor Luthers bůcher verbrant haben. | Wittenberg M. D. XX." Der Text beginnt auf der Rückseite des Titels. 2 Bogen in 4°, signirt a und b. Am Ende das Impressum: „⁋ Ge= truckt durch Nicolaum Küffer | Von Sinßhehm vß der March∘ | graffſchafft Baden. Im iar | M. D. XXI. vff Sant Agneſen tag."

Ausser vorbezeichneten Sonderausgaben sind noch zwei anzuführen, die uns bisher nicht zu Gesicht gekommen, nämlich:

I. 1520: Luthers Werke Erlang. Ausg. Bd. 24. S. 151. No. 5. Weller No. 1595.

K. Ohne Jahresangabe: Weller No. 1594.

In dem Abdruck der drei Schriften ist überall die Ausgabe A zu Grunde gelegt; dabei hat die Interpunktion gar keine Aenderung erfahren, auch da nicht, wo sie dem Sinne zuwider ist. Bezüglich der Orthographie bemerken wir, dass die Abkürzungen aufgelöst, statt des häufig vorkommenden nn̄ aber stets nur nn gesetzt worden ist. Bei dem Text ist die Conjektur vermieden, so nahe sie auch liegen mochte, z. B. S. 7 Z. 25 „vbertritt" nicht in „vbertrifft" umgeändert, obgleich dort im Lateinischen „vincit" steht; nur die irrigen Angaben biblischer Stellen sind als Druckfehler angesehen und als solche behandelt, wobei aber nicht unbeachtet gelassen ist, dass Luther nach der Vulgata citirt hat.

Demnach weicht unser Text von den Urdrucken nur ab, wo diese offenbare Fehler haben, die wir hier noch verzeichnen:

3_{13} Concilio; 5_2 hat; 6_1 schmechler; 7_{27} nun] nur; 9_{19} die sach] die sich; 9_{22} Hertzoh; 11_{22} nemant; 12_{37} Engeniü; 18_{12} 1. Cor. 12.; 19_{26} Item. 17.; 20_2 104.; 20_4 ampts geholffen; 20_{35} leya; 23_2 Aßo; 25_{31} ybernischen; 28_{20} zurnn̄; 31_{29} weyheyt; 34_{21} vor kerete; 34_{22} zur schrecken̄; 34_{33} Aber] Aber; 35_{21} Philippen̄; 36_{13} Gal. 1.; 36_{30} seyn] sey; 37_{36} beschnitten] beschnit; 44_{15} von myr] vor myr; 46_{33} 1. Pet. 6.; 48_5 Gal. 6.; 49_7 bopotten; 49_{17} hylisch; 50_{14} voto.] vote.; 50_{23} Enchrist; 51_{27} sebs; 52_{20} lengsam; 53_3 besthebigen; 53_{19} der ernsts.

Bei sorgfältiger Durchsicht sind noch einige wenige Druckfehler in unserm Text entdeckt worden; es ist nämlich zu lesen: 7_{34} furgenummenn; 9_{35} zustöret.; 10_{23} nachteyll; 26_{11} also, teyllet, dagegen steht das doppelte nit 6_{28} so im Original.

Potsdam.

J. K. F. Knaake.

Eyn sendbrieff an den Bapst Leo. den czehenden. D. Martinus Luther auſz dem lateyn ynſz deutſch vorwandelt.

Wittembergk.
1 5 2 0.

Dem allerheyligsten in gott vatter Leoni. dem czehenden. Bapst zu Rom alle selickeyt ynn Christo Jhesu vnszerm hernn Amen.

Allerheyligster in gott vatter. Es zwingt mich der handell vnd streyt, ynn wilche ich mit etlichen wusten menschen bißer tzeyt, nu biß ynß dritte iar kummen bynn, zuweylen nach dyr tzu sehen vnnd deyn gedencken, ia die weyll es dafurgehalten wirt, du seyest die einige heubtsach dißes streyttis, so kann ichs nit lassen, deyn on vnterlaß zugedenckenn, dann wie wol ich von ettlichenn deyner vnchristlichen schmeychler, wilch on alle vrsach auff mich erhetzit seyn gedrungen bynn mich auff eyn Christlich frey Concilion von deynem stuel vnnd gericht ynn meyner sach zuberuffen, so hab ich doch meynen mütt noch nie also von dyr entpfrembdet, das ich nit auß allen meynen krefften dyr vnnd deynem Romischen stuel das beste altzeyt gewunscht, vnd mit vleyßigem hertzlichem gepett so viel ich vormocht, bey gott gesucht habe. War ist es das ich die so bißher mit der hohe vnnd größe deynes namens vnnd gewalt zubedrewen, sich bemühet habenn garfast zuvorachten vnnd zuvbirwinden furgenummen habe. Aber eyniß ist nu vorhandenn, wilchs ich nit thar vorachten, wilchs auch die vrsach ist, das ich abermal tzu dyr schreybe, vnnd ist nemlich, das ich vormerck, wie ich vorsprochenn vnnd myr vbell auß gelegt werde, das ich soll auch deyner person nit vorschonet haben.

Jch will aber frey vnd offentlich das bekennen, das myr nit anders bewust ist, denn ßo offt ich beyner person habe gedacht, altzeyt, das erlichst vnd beste von dyr gesagt habe, vnd [A 2ᵇ] wo ich das yrgend nit hette than, kund ichs selbs ynn keynen weg loben, vnd müste meyner kleger vrteyll mit vollem bekentniß bekrefftigen, vnd wolt nit lieberß, dan solches meynes freuells vnd boßheyt, das widderspiel singen, vnd meyn strefflich wort widderuffen, Jch hab dich genennet, eyn Daniel zu Babylonen, vnd wie ich deyn vnschuld ßo vleyssig habe beschutzt wider deynen schendler Sylueſtrum, mag eyn iglicher der es lißet vbirflussig vorstehen.

Es ist ia deyn gerucht vnd deyns guttis lebens namen yn aller welt beruffen, durch viel hochgelerten herlicher vnd besser gepreyssiet, denn das es yemant mocht mit eyniger list antasten, er sey ia wie groß er müge, Jch byn nit ßo nerrisch das ich allein denen angreyffe, den yberman lobet, datzu hab ich alltzeyt die weyße gehabt vnnd forban habenn will, auch die nit anzutasten, die sonst fur yberman eyn boße geschrey haben. Myr ist nit wol mit der anderen sunde, der ich wol weyß, wie ich auch eynen balcken ynn meynem auge habe, vnd freylich der erste nit seyn kan, der den ersten steyn auff die ehe= brecheryn werff.

Jch hab wol scharff angriffen, doch yn der gemeyn hyn, ettlich vnchristlich lere, vnd auff meyne widdersacher peyssig geweßen, nit vmb yhres boßen lebens, ßondern vmb yhrer vnchristlichen lere vnd schutzs willen, wilchs mych ßo gar nichts berewet, das ich myrß auch vnn synn genummen hab, ynn solcher embsickeyt vnd scherpff zu bleyben, vnangesehen, wie myr dasselb etlich außlegen, ßo ich hie Christus Exempel hab, der auch seyne widdersacher, auß scharffer embsickeyt nennet, schlangen kinder, gleyßner, blinden, des teuffels kinder, vnnd sanct Paulus den Magum heyssiet eyn kind des teuffels, vnd der vol boßheyt vnd triegerey sey, vnd ettlich falsch Apostell schilt er, hunde, betrieger vnd gottis wort vorkerer. Wen die weychen tzarten oren solchs hetten gehöret, solten sie auch wol sagen, es were niemant ßo peyssig vnd vngedultig als

S. Paulus, Vnd wer ist peyssiger den die propheten? Aber zu vnßern zceytten seyn vnßer oren ßo gar zart vnd weych worden, durch die mennige der schedlichen [A 3ᵃ] schmeychler, das, ßo bald wyr nit ynn allen dingen gelobt werden, schreyen wyr, man sey peyssig, Vnd die weyl wyr vns sonst der warheyt nit erweren mügen, entschlahen wyr vnß doch der selben, durch ertichte vrsach der peyssickeyt, der vngeduldickeit vnd der vnbescheydenheyt. Was soll aber das salcz, wenn es nit scharff beysset? Was soll die schneyde am schwerdt, wen sie nit scharff ist zu schneyden? Sagt doch der prophett, der man sey vormaledeyet, der gottis gepott obenhynn thut vnnd zu seher vorschonet.

Darumb bitt ich heyliger vatter Leo, wollist diße meyne entschuldigung dyr gefallen lassen, vnnd mich ge= wiß fur den halten, der widder deyne person nie nichts boßis habe fur genummen, vnd der alßo gesynnet sey, der dyr wunsche vnd gahn das aller beste, der auch keynen hadder noch gezang mit yemand haben wolle vmb yemands boßes lebens, ßondern alleyn vmb des gottlichen wortis warheyt willen. Jn allen dingen will ich yderman gerne weychen, das wort gottis, wil ich vnd mag auch nicht vorlassen noch vorlaugnen. Hat yemand eynen andernn wahn von myr, obber meyne schrifft anders vorstanden, der yrrhet, vnd hatt mich nit recht vorstanden.

Das ist aber wahr, Jch hab frisch antastet den Ro= mischen stuel, den man nennet, Romischen hoff, wilchen auch du selbs noch niemant auff erden anders bekennen muß, den das er sey erger vnd schendlicher den yhe keyn Zodoma gomorr, obber Babylonien gewesen ist, Vnd ßo viel ich merck, ßo ist seyner boßheyt hynfurt widder zu radten noch zu helffen. Es ist allis vbirauß vortzweyffelt vnd grundloß da worden. Darumb hat michs vordrossen, das man vnter deynem namen vnd der Romischen kirchen scheyn, das arm volck ynn aller welt betrog vnd beschedigt, da widder hab ich mich gelegt, vnd wil mich auch noch legen, ßo lang yn myr meyn christlicher geyst lebet, Nit das ich mich vormeß solcher vnmüglicher ding, oder vor= hoffte, ettwas auß zurichten ynn der aller grewlichsten Romischen Zodoma vnd Babylonen, zuuor die weyl myr

ßo viel [A 3ᵇ] wuttender schmeychler widderstreben, ßon=
dernn das ich mich eynen schulbigen biener erkenne aller
Christen menschen daher myr gepuret yhn zu radten vnnd
warnen, das sie yhe doch weniger ßall vnd mit geringern
schaben vorterbet wurden von den Romischen vorstorernn.

Dann das ist dyr selbs yhe nit vorporgen, wie nu
viel iarlang auß Rom yun alle wellt nichts anders benn
vorterben des leybs, der seelen, der gutter vnd aller bößen
stuck die aller scheblichsten exempell, gleych geschwemmet
vnnd eyngerissen habenn. Wilchs alls offentlich am tag
yderman bewust ist, da durch die Romisch kirche die vor=
heytten die aller heyligist war, nu worden ist eyn mord=
gruben ober alle mordgruben, eyn buben hauß ober alle
buben heußer eyn heubt vnd reych aller sund des tobts
vnd vordampniß, das nit wol zubencken ist, Was mehr
boßheyt hie müge zu nehmen, wenn gleych der Endchrist
selbs keme.

Jnn deß siczstu heyliger vatter Leo, wie eyn schaff
vnter ben wolffen, vnd gleych wie Daniel vnter ben lawen,
vnnd mit Ezechiel vnter ben scorpion, Was kanstu eyniger
widder ßo viel wilder wunder, vnnd ob dyr schon drey
obber vier gelerte frum Cardinal zu vielen, was were das
vnter solchem hauffen? yhr mustet ehe durch gyfft vnter=
gahen, ehe yhr furnehmet der sachen zuhelffen. Es ist
auß mit dem Romischen stuel, gottis zorn hatt yhn vbir=
fallen on auffhoren, Er ist feynd den gemeynen Concilijs,
er will sich nit vnterweyßen noch reformieren lassen, vnd
vormag doch nit seyn wuttends vnchristlichs weßen nit
hinbernn, damit er erfullet, das gesagt ist von seyner mutter
der alten Babylonen. Hiere. Wyr haben viel geheylett an
der Babylonen, noch ist sie nit gesund wordenn, wyr wollen
sie faren lassenn.

Es sollt wol deyn vnd der Cardinaln werck seyn,
das yhr bißem iamer weret, aber die kranckeyt spott der
erhney, pfertt vnd wagen geben nicht auff den furman,
das ist die vrsach, warumb es myr altzeyt ist leyd ge=
weßen, du frumer Leo, das du eynn [A 4ᵃ]Bapst worden
bist, ynn dißer zeyt, der du wol wirdig werist zu bessernn
zeytten Bapst seyn, der Romischen stuel ist deyner vnnd

deynis gleychen nit werd, ßondernn der böße geyst sollt
bapst seyn, der auch gewißlich mehr denn du ynn der
Babylonen regiert.

O wolt gott das du entlebig von der ehre (wie sie
es nennen beyn aller scheblichsten seynd) ettwan von eyner
pfrund oder deynem vetterlichenn erb dich halten mochtist,
furwar mit solcher ehre sollt billich niemant denn Judas
Scharioth vnd seyniß gleychen, die gott vorstossen hatt,
geehret seynn, Denn sag myr, wo zu bistu doch nutz ynn dem
Bapstum, denn das yhe erger vnd vorzweyffelter ist, yhe
mehr vnd starcker er deyner gewalt vnd titell mißpraucht,
die leut zu beschebigen, an gutt vnd seel, sund vnd schand
zu mehren, den glauben vnd warheyt zu dempfen. O du
aller vnseligst Leo, der du sitzist ynn dem aller serlichsten
stuel, Werlich ich sag dyr die warheyt, denn ich gahn dyr
guttis.

Szo .S. Bernhard seynenn bapst Eugenium klagt da
der Romische stuel, wie wol er schon auch zu der selben
zeyt auffs ergist ware, doch noch ynn guter hoffnung des
beßerniß regiert, Wie viel mehr sollen wyr dich klagen,
die weyl ynn dißen drey hundert iarenn die boßheyt vnd
das vorterben ßo vnwidderstatlich hatt zu vbir hand ge=
nummen. Jsts nit wahr das vnter dem weytten hymel
ist nichts ergers vorgifftigers hessigers den der Romische
hoff, denn er weyt vbirtritt der Turcken vntugent, das es
war ist, Rom sey vorzeyten gewest eyn pfort des hymels,
vnd ist nun eyn weyt auffgesperreter rache der helle, vnnd
leyder eyn solcher rache, den durch gottis zorn niemand
kan zu sperrenn, vnd keyn rad mehr vbrig ist, denn ßo
wyr mochten ettlich warnen vnnd erhalten das sie von
dem Romischen rachen nit vorschlunden worden.

Sihe da meyn H. vater, das ist die vrsach vnd be=
wegung warumb ich ßo hartt widder dißenn pestilentischenn
stuel gestossenn habe, denn ßo gar hab ich myr nit fur=
genummenn widder deyne person zu wutten, das ich auch
gehoffet [A 4ᵇ] habe, ich wurd bey dyr gnad vnd danck
vordienen, vnd fur deyn bestiß gehandelt erkant werden,
ßo ich solchen deynen kerker, ia deine helle, nur frisch vnd
scharff angriff, denn ichs acht, es were dyr vnd vielen

andern gutt vnd selig, alliß was alle vornunfftige gelerte menner wibber die aller wusten vnordnung deyniß vnchristlichen hoffs vormochten auffzubringen, Sie thun furwar eyn werck, das du soltist thun, alle die solchem hoff nur alliß leyd vnd alliß vbel thun, sie ehren Christum, alle die den hoff auffs aller meyst zu schanden machen. Kurtzlich, sie seyn alle gute Christen, die boße Romisch seyn.

Ich will noch weytter reden. Es were mir auch dasselb nie ynn meyn hercz kummen, das ich wibber den Romischen hoff hette rumoret, ober etwas von yhm disputiert, den die weyl ich sahe, das yhm nit zu helffen. kost vnd mühe vorloren ware, hab ich yhn voracht, eyn vrlaub brieff geschenckt vnd gesagt. Abeh liebs Rom. stinck furt an was da stinckt, vnd bleyb vnreyn fur vnd fur, was vnreyn ist, hab mich also begeben yn das stille gerügte studiern der heyligen schrifft, da mit ich forderlich were, denen, bey wilchen ich wonet, da ich nu hie nit vnfruchtparlich handelte, thet der boße geyst seyn augen auff vnd ward des gewahr, behend erweckt er mit eyner vnsynnigen ehrgitzickeyt seyn diener Johannem Eccium, eynen sonderlichen seynd Christi vnd der warheyt, gab yhm eyn, das er mich vnvorsehens ryssie ynn eyn disputation, vnd ergriffe bey eynem wortle von dem Bapstum gesagt, das myr angesehr empfallen war, Da warff sich auff der groß rumredticher hellt, spruet vnnd schnawbt, als hett er mich schon gefangen, gab fur, er wolt zu ehren Gott vnnd preyß der heyligen Romischen kirchen, alle dingk wagen vnd außfuren, bließ sich auff vnd vormaß sich deyner gewalt, wilch er datzu gepsauchen wolt, das er der vbirst theologus ynn der wellt beruffen wurd, des er auch gewiß wartet mehr den deß bapstumbs, ließ sich duncken es solt yhm nit wenig datzu furtreglich seyn, wo er Doctor Luthern ym heerschildt furet, Da yhm nu das mißlungen, will der sophist vnsynnig werden, denn er nu fulet wie durch seyn schuldt alleyn, des Romischen stuels schand vnd schmach an myr sich eroffnet hat.

[B 1ᵃ] Laß mich hie, Heyliger vatter, meyne sach auch eyn mal fur dir handeln, vnd dir deyne rechte seynd vorklagen. Es ist dir on zweyffell bewust, wie mit myr gehandelt hab zu Augspurgk der Cardinal S. Sixti, deyn Legat, furwar, vnbescheyden vnd vnrichtig, ia auch vntrew, In wilches hand, ich vmb deynen willen, alle meyn sach alßo stellet, das er frib gepieten solt, ich wolt der sachen ein end lassen seyn vnd stille schweygen, so meyn widdersacher auch still stunden, Wilchs er leycht mit eynem wort hett mocht außrichten, Da iucket yhn der kutzel zeytlichs rumß zu seher, vorachtet meyn erbieten, vnterstundt sich meyne widersacher zurechtfertigen, yhn nur lenger zawm lassen, vnd myr zu widder ruffen gepieten, des er keynen befelh hatte. Alßo ists geschehen, durch seynen mutwilligen freuel, das die sach, ist seynt viel erger worden, die zu der tzeyt an eynem gutten ort war. Darumb was weytter darnach ist gefolgt, ist nit meyn, sondern desselben Cardinalis schuldt, der nit myr gonnen wollt, das ich schweyge, wie ich ßo hochlich batt, Was solt ich da mehr thun?

Darnach ist kummen er Carol von Miltitz, auch deyner H. bottschafft, wilcher mit vieler muhe hynn vnd her reyssend, vnd allen vleyß furwendend, die sach widder auff ennen gutten ort zu bringen. Dauon sie der Cardinal hochmutig vnd freuelich vorstossen hatt, Zu letzt, durch hulff des durchleuchtigsten hochgebornenn Churfursten Hertzog Fridrich zu Sachsen ɛc. zuwegen bracht, ettlich mal mit mir zu besprechen. Hie hab ich aber mals mich lassenn weyssenn, vnd deynem namen zu ehren schweygenn, die sach, dem Ertzbischoff zu Trier, oder Bischoff zu Numburg, vorhören vnd scheyden zu lassen vorwilligt, wilchs alßo geschehen vnd bestellet, Da solchs yn gutter hoffnung vnd frid stund, fellet eynher deyn gröster rechter seynd Johannes Eccius mit seyner disputation zu Leyptzick, die er hatt yhm furgenomen widder Doctor Carlstatt, vnd mit seynen wetterwendischen worten, findt er eyn fundtlin, von dem Bapstumb, vnd keret auff mich vnuorsehens, seyne fanhen [B 1ᵇ] vnd gantzes here, damit des furgenomen fribs furschlag gantz zustöret.

In des warttet Er Carolus, die disputation gieng fürsich, Richter wurden erwelet, ist aber nichts außgericht, wilchs mich nit wundert, Denn Eck mit seynen lugen, sendbrieffen vnd heymlichen bractilen, die sache alßo vorpitteret, vorwerret vnd zurschellet, das auff wilch seytt, das orteyll gefallen were, eyn grösser sewr, on zweyffel sich erzunbet hette. Denn er sucht rum vnd nit die warheyt, Alßo hab ich altzeyt than, was myr ist auff gelegt, vnd nichts nachgelassen, das myr zuthun gepürt hatt. Ich bekenne, das auß dießer vrsach, nit eyn kleyn teyll, des Romischen vnchristlichen weßens, ist an tag kummen, aber was daran vorschulbet, ist nit meyn, sondernn Eccij schuldt, Wilcher eyner sach sich vnterwunden, der er nit manß gnug geweßen, durch seyn ehr suchen, die Romische laster ynn alle welt zu schanden gesetzt hatt.

Dißer ist H. V. Leo deyn, vnd des Ro. stuel seynd, von seynnem eynigen exempel, mag eynn yderman lernen, das keynn schedlicher seynd sey, wenn eyn schmeychler. Was hatt er mit seynem schmeychlenn angericht, denn nur solch vngluck, das keyn künig hett mügen zuwegen bringenn. Es stinckt itzt übel des Romischen hoffis namen ynn aller welt, Die Bepstliche acht, ist matt, die Romische vnwissenheyt hatt eyn boße geschrey, wilcher keyniß were gehöret, ßo Eck, Carolis vnd meynem furschlag des fribs, nit hett vorruckt. Wilchs er auch nu selbs empfind, vnd wie wol zu langsam vnd vorgebens vnwillig ist, übir meyne auß gangene buchle, das solt er vorhynn bedacht, da er nach dem rum, wie eyn mütiges geyles roß, hymmert, vnd nichts mehr, denn das seyne, mit deynem grossen uachteyll suchet. Er meynette, der eytell man, ich wurd mich fur deynem namen furchten, yhm rawm lassenn vnd schweygen (den der kunst vnd geschicklickeyt, halt ich, hab er sich nit vormessenn.) Nu ßo er sihet, das ich noch getrost byn vnd mich weytter hö[B 2ᵃ]ren lasse, kumpt yhm die spate rew seynes freuels, vnd wirt ynnen (ßo er anders ynnen wirt) das eyner, ym hymell ist, der den hochmütigen widderstaht vnnd die vormessene geyste bemütigt.

Da nu nichts, durch die disputation wart außgericht, denn nur grösser vnehre Romisches stuels, Ist Er Carolus zu den vetternn meynß ordenß kummen, radt begeret, die sache zu schlichten vnd schweygen, als die ben auff aller wußtist vnnd ferlichst stund, Da seyn ettlich tapffere, von den selben zu myr gesand, die weyll es nit zuuormütten, das mit gewalt gegen myr mug etwas geschafft werden. Haben begert, das ich doch wolte deyne person. H. V. ehren vnd mit vntertheniger schrifft, deyn vnd meyn vnschuld entschulbigen, vormeynend, es sey die sach noch nit ym abgrund vorlorenn vnd vortzweyffelt, wo der H. V. Leo wolte nach seyner angeporner hoch berumpten gütickeyt, die hand daran legenn. Die weyll aber ich altzeyt hab frid angepotten vnnd begeret, auff das ich stillem vnnd bessern studiernn wartten mocht, ist myr das eyn liebe frölich bottschafft gewessen, hab sie mit danck auffgenommen vnnd mich auffs willigst lencken lassen vnd fur eyn sondere gnad erkennet, ßo es alßo, wie wyr hoffen, geschehen mocht. Denn ich auch auß keyner ander vrsach, ßo mit starckem mütt, wortten vnd schreyben gewebt vnd gerumort hab, das ich die nyder legt vnd stillet, die ich wol sahe, myr weytt zu gering seyn.

Alßo kum ich nu H. V. Leo, vnd zu deynen fuessen liegend bitte, ßo es muglich ist, wollist deyne hend dran legen, den schmeychlernn, die des fribs seynd seyn, vnd doch frid furgeben, eynen zawm eynlegenn. Das ich aber solt widderruffen meyne lere, da wirt nichts auß, darffs yhm auch niemant furnehmen, er wolt denn die sach noch yn eyn grosser gewyrre treybenn, da zu mag ich nit leyden, regel oder masse, die schrifft außzulegen. Die weyl das wort gottis, das alle freyheyt leret, nit soll noch muß gefangen seyn. Wo myr diße zwey stuck bleybenn, ßo soll myr [B 2ᵇ] sonst nichts auffgelegt werdenn, das ich nit mit allem willenn thun vnd leyden will. Ich byn dem habber seynd, wil niemants anregenn noch reytzen, ich will aber auch vngereytzit seyn, werd ich aber geretzet, wil ich, ob gott wil, nit sprachloß noch schrifftloß sein. Es mag yhe deyne H. mit leychten kurtzen worten alle diße habberey zu yhr nemen vnd außtilgenn, vnnd daneben schweygen vnd frid gepieten, wilchs ich altzeyt zuhören gantz begirig byn gewessen.

Darumb meyn H. vatter woltist yhe nit hören, deyne ßussen oren singer, die do sagen, du seyest nit eyn lautter mensch, sondernn gemischt mit gott, der alle ding zu gepieten vnd zufoddern habe: Es wirt nit ßo geschehen, du

wirſts auch nit auß furen, Du biſt eyn knecht aller knecht gottis, vnd ynn eynem ferlichern, elendern ſtand, denn keyn menſch auff erden. Laß dich nit betriegen, die dyr liegen vnd heuchlen, du ſeyeſt eyn herr der welt, die nie=
mant wollen laſſen Chriſten ſeyn, er ſey den dyr vnter=
worffen, die do ſchwetzen, du habſt gewalt, ynn den hymel, yn die hel, vnd ynß fegfewr, ſie ſeyn deyne feynd, vnd ſuchen deyne ſeele zuuorterben. Wie Iſaias ſagt. Meyn liebs volck, wilche dich loben vnd heben, die betriegen dich. Sie yrrenn alle, die da ſagen, Du ſeyeſt obir das Con=
cilium vnd gemeyne Chriſtenheyt. Sie yrren, die dyr alleyn gewalt geben, die ſchrifft außzulegen, Sie ſuchen alleſampt nit mehr, denn wie ſie vnter deynem namen yhr vnchriſt=
liche furnehmen, ynn der Chriſtenheyt, ſtercken mügen, wie den der böße geyſt, leyder, durch viele deyner vorfaren gethan hatt. Kurtzlich, glaub nur niemant, die dich erheben, ſondernn alleyn denen, die dich demütigen, das iſt gottis gericht, wie geſchrieben ſtett. Er hatt abgeſetzt die ge=
waltigen von yhren ſtüelen, vnd erhaben die geringen.

Sihe wie vngleych ſeyn, Chriſtus vnd ſeyne ſtatthalter, ßo ſie doch alle wollen ſeyne ſtatthalter ſeyn, vnd ich fur=
war furcht, ſie ſeyen altzu warhafftig ſeyne ſtatthalter. Denn eyn ſtathalter, iſt ym abweßen ſeynes herrnn eyn ſtatthalter. Wenn den [B 3ᵃ] eyn Bapſt, ym abweßen Chriſti, der nit ynn ſeynem hertzen wonet, regieret, iſt der ſelb nit altzu warhafftig Chriſti ſtatthalter, Was mag aber denn eyn ſolcher hauffe ſeyn, denn eyn ſamlung on Chriſto? Was mag aber auch denn eyn ſolcher Bapſt ſeyn denn eyn Endchriſt vnd Abtgott? Wie viel beſſer thetten die Apoſtel, die ſich nur knechte Chriſti ynn yhn wonend, nit ſtathalter, des abweßendes, nenneten vnd ſich nennen ließen.

Ich byn villeycht vnuorſchampt, das ich ein ſolche große höhe, zu leren, werde angeſehen, von wilcher doch yderman ſoll geleret werden, vnd wie ettlich deyner gyff=
tigen ſchmeychler dich auffwerffen, das alle künig vnd richter thron, von dyr vrteyl empfahen. Aber ich folge hyrynn S. Bernhard, ynn ſeynem buch zu dem Bapſt Eugenium, wilchs billich ſolten alle Bepſt außwendig künden. Ich thue es yhe nit der meynung, dich zu leren, ſondernn auß

lautter trewlicher sorge vnnd pflicht, die yberman billich
tzwingt, auch ynn den dingen fur vnßer nehsten vns be=
kümmern, die doch sicher seyn, vnnd leßßit vns nit acht
haben auff wirde oder vnwirde, ßo gar vleyßßig, sie war
nympt, des nehsten far vnd vngefar. Die weyll ich denn
weyß wie deyn H. webt vnd schwebt zu Rhom, das ist
auff dem hochsten meher, mit vnzelichen ferlickeyten auff
allen ortenn, wüttend, vnd ynn solchem iamer lebt vnd
erbenttet, das dyr auch wol not ist, des allergeringsten
Christen hulff, ßo hab ichs nit fur vngeschickt angesehen,
Das ich deyner maiestet, ßo lange vorgesse, biß ich brüder=
licher liebe pflicht außricht. Ich mag nit schmeychlen, ynn
solcher ernster, ferlicher sache, ynn wilcher ßo mich ettlich
nit wollenn vorstehen, wie ich deyn freund vnd mehr denn
vnterthan sey, ßo wirt er sich wol finden, der es vorsteht.

Am end, das ich nit leer kumme fur d. H. ßo bring
ich mit myr eyn buchle vnter deynem namen außgangen,
zu eynem gutten wünsch vnd anfang des fribs vnnd gutter
hoffnung, darauß d. H. schmecken mag, mit waß gescheften
ich gerne wollt [B 3ᵇ] vnd auch fruchtparlich mocht vm=
gahn, wen myrß, fur deynen vnchristlichen schmeychlernn
muglich were. Es ist eyn kleyn buchle, ßo das papyr
wirt angesehen, aber doch die gantz summa eyniß Christ=
lichen leben drynnen begriffen, ßo der synn vorstandenn
wirt. Ich byn arm, hab nit anders, damit ich meyn dienst
erzeyge, ßo darffstu auch nit mehr den mit geystlichen
gutternn gepessert werdenn. Da mit ich mich, d. H. be=
filhe, die yhm behalt ewig Jhesus Christus, A M E N.

Zu Wittenbergk Sexta Septembris. 1 5 2 0.

Von der Freyheyt
eynisz Christen
menschen.

Martinus Luther.

Vuittembergae.
Anno Domini
1 5 2 0.

Dem fursichtigen vnd weyſzen herrn

Hieronymo Mülphordt Stadtvogt zu Zwyckaw
meynem besondern günstigen freund vnd
Patron Empiete ich genannt D.
Martinus Luther Augustiner.
meyne willige dienst
vnnd allis
guttis.

¶ Furſichtiger weyßer Herr, vnd Günſtiger freund, der wirdig Magiſter Johan Egran, ewr löblichen ſtat Prediger, hat mir hoch gepreyſſet ewr lieb vnd luſt, ſzo yhr zu der heyligen ſchrifft traget, wilch yhr auch emſzlich bekennen vnd fur den menſchen zu preyſzen nit nachlaſſet. Derhalben er begeret, mich mit euch bekennet zu machen, byn ich gar leychtlich willig vnd frölich des beredt, denn es mir eyn ſondere freudt iſt, zu hören, wo die gottlich warheyt geliebt wirt, der leyder ſzo vill, vnd die am meyſten, die ſich yhres titels auffwerffen, mit aller gewalt vnd liſt widderſtreben, wie wol es alſzo ſeyn muſz, das an Chriſtum, zu eynem ergerniſz vnd zeychen geſetzt, dem widderſprochen werden muſz, vill ſich ſtoſſen, fallen, vnd aufferſtahen muſſen. Darumb hab ich an zu heben vnſzer kundſchafft vnd freuntſchafft, diſz tractatell vnnd Sermon euch wollen zuſchreyben, ym deutſchen, wilchs ich latiniſch dem Bapſt hab zu geſchrieben, damit fur yderman, meyner lere vnd ſchreyben, von dem Bapſtum, nit eyn vorweyſzlich, als ich hoff, vrſach angezeygt. Befill mich hie mit, euch, vnd allſampt, gottlichen gnaden. AMEN. Zu Wittembergk. 1 5 2 0.

[A 2ᵇ] **Jhesus.**

Zum ersten. Das wir grundlich
mügen erkennen, was eyn Christen mensch sey, vnd wie
es gethan sey, vmb die freyheyt, die yhm Christus erwor=
ben vnd geben hatt, dauon S. Paulus viel schreybt, will
ich setzen, dyße zween beschluß.

Eyn Christen mensch ist eyn freyer herr, über alle
ding, vnd niemandt vnterthan.

Eyn Christen mensch ist eyn dienstpar knecht aller
ding vnd yderman vnterthan.

Diße zween beschlüß seynd klerlich sanct Paulus
.1. Cor. 9. Ich byn frey yn allen dingen, vnd hab mich
eynß yderman knecht gemacht. Item Ro. 13. Ihr solt
niemand ettwas vorpflichtet seyn, den das yr euch vntern=
ander liebet. Lieb aber, die ist, dienstpar, vnd vnterthan
dem das sie lieb hatt. Alßo auch von Christo Gal. 4.
Gott hatt seynen son außgesandt, von eynem weyb geporen
vnd dem gesetz vnterthan gemacht.

¶ Czum andern, Diße zwo widderstendige rede, der
freyheyt vnd dienstparkeyt zuuornehmen, sollen wir ge=
dencken, das eyn yglich Christen mensch ist zweyerley natur,
geystlicher vnd leyplicher. Nach der seelen wirt er eyn
geystlich, new, ynnerlich mensch genennet, nach dem fleysch
vnd blut wirt er eyn leyplich allt vnd eußerlich mensch
genennet. Vnd vmb dißes vnterschiedis willen, werden
von yhm gesagt yn der schrifft, die do stracks widdern=
ander seyn, wie ich itzt gesagt, von der freyheyt vnd dienst=
parkeit.

¶ Czum dritten, So nhemen wir fur vns den yn=
wendigen geystlichen menschen, zusehen was datzu gehöre,
das er eyn frum frey, Christen mensch sey vnd heysse.
So ists offenbar, das keyn eußerlich ding mag yhn frey,
noch frum machen, wie es mag ymmer genennet werden,
denn seyn frumkeyt vnd freyheyt, widerumb seyn bößheyt
vnd gefencknis, seyn nit leyplich noch eußerlich. Was hilffts
die seelen, das der leyp, vngefangen, frisch vnd gesund ist,
yssret, trinckt, lebt, wie er will? Widderumb was schadet

das der seelen, das der leyp, gefangen kranck vnd matt [A 3ᵃ] ist, hungert, dürstet vnd leydet, wie er nit gerne wolt? Dißer ding reychet keyniß, biß an die seelen, sie zu befreyhen oder fahen, frum oder böße zu machen.

¶ Czum vierden, Also hilfftet es die seele nichts, ob der leyp heylige kleyder anlegt, wie die priester vnd geystlichen thun, auch nit ob er ynn den kirchen vnd hey= ligen stetten sey. Auch nit ob er mit heyligen dingen vmbgah. Auch nit ob er leyplich bette, faste, walle, vnd alle gute werck thue, die durch vnd ynn dem leybe ge= schehen mochten ewiglich. Es muß noch allis etwas anders seyn, das der seelen bringe vnd gebe frumkeyt vnd frey= heyt. Denn alle diße obgenanten stuck, werck vnd weyßen, mag auch an sich haben vnd üben, eyn bößer mensch, eyn gleyßner vnd heuchler. Auch durch solch weßen keyn ander volck, denn eyttell gleyßner werden. Widderumb, schadet es der seelen nichts, ob der leyp vnheylige kleyder tregt, an vnheyligen örten ist, yßt, trinckt, wallet, bettet nit, vnd lessit alle die werck onstehen, die die obgenanten gleyßner thun.

¶ Czum funfften, Hatt die seele keyn ander dinck, widder yn hymel noch auff erden darynnen, sie lebe, frum, frey, vnd Christen sey, den das heylig Euangelij, das wort gottis von Christo geprediget. Wie er selb sagt. Joh. 11. Ich byn das leben vnd aufferstehung, wer do glaubt yn mich, der lebet ewiglich. Item. 14. Ich byn der weg, die warheyt, vnd das leben. Item Matt. 4. Der mensch lebet nit alleyn von dem brot, sondern von allen worten die do gehen von dem mund gottis. So mussen wir nu gewiß seyn, das die seele kan allis dings emperen on des worts gottis, vnd on das wort gottis, ist yhr mit keynem ding beholffen. Wo sie aber das wort hatt, ßo darff sie auch keynes andern bings mehr, sondern, sie hat in dem wort, gnugde, speyß freud, frid, licht, kunst, gerechtickeyt, warheyt, weyßheyt, freyheit vnd allis gutt überschwenglich. Alßo leßen wir ym Psalter sonderlich ym .118. psalm, das der prophet nit mehr schreyet den nach dem gottis wort. Vnd yn der schrifft die aller hochste plag vnd gottis zorn gehalten wirt, ßo er seyn wort von den menschen nympt, Widderumb keyn grösser gnade, wo er seyn wort hyn sendet, wie psalmus. 106. stet. Er hat seyn wort auß gesandt, damit er yhn hatt geholffen. Vnd Christus vmb keyns [A 3ᵇ] andern ampts willen, den zu predigen das wort gottis kummen ist. Auch alle Apostell, Bischoff, priester vnd ganzer geystlicher stand, alleyn vmb des worts willen ist beruffen vnd eyngesetzt, wie woll es nu leyder anders gaht.

¶ Czum sechsten, Fragistu aber, wilchs ist denn das wort das solch grosse gnad gibt. Vnd wie sol ichs ge= brauchen? Antwort. Es ist nit anders, denn die predigt von Christo geschehen wie das Euangelium ynnehelt. Wilche soll seyn, vnd ist also gethan, das du hörist deynen gott zu dir reden, Wie alle deyn leben vnd werck, nichts seyn fur gott, sondern müßsist, mit allen dem das ynn dir ist ewiglich vorterben. Wilchs ßo du recht glaubst, wie du schuldig bist, so mustu an dir selber vortzweyffelnn, vnd bekennen, das war sey der spruch Osee. O Israel yn dir ist nichts, denn deyn vorterben, alleyn aber yn mir steht deyn hulff. Das du aber auß dir vnd von dir, das ist auß deynem vorterbenn kommen mügist, ßo setzt er dir fur, seynen lieben ßon Jhesum Christum, vnd leßsit dir durch seyn lebendigs trostlichs wort sagen. Du solt ynn den selben mit festem glauben dich ergeben, vnd frisch ynn yhn vortrawen. So sollen dir vmb desselben glaubens willen, alle deyne sund vorgeben, alle deyn vorterben vberwunden seyn, vnd du gerecht, warhafftig, befridet, frum, vnd alle gebott erfullet seyn, von allen dingen frey sein. Wie S. Paulus sagt. Ro. 1. Ein rechtfertiger Christen, lebt nur von seynem glauben. Vnd Ro. x. Christus ist das ende vnd fülle aller gebot, denen, die ynn yhn glauben.

¶ Czum siebenden. Drumb solt das billich aller Christen eynigs werck vnd vbung seyn, das sie das wort vnd Christum wol ynn sich bilbeten, solchen glauben stetig vbeten vnd sterckten. Denn keyn ander werck, mag eynen Christen machen. Wie Christus Joh. 6. zu den Juden sagt, da sie yhn fragten, was sie fur werck thun solten, das sie gottlich vnd Christlich werck thetten. Sprach er. Das ist das eynige gotliche werck, das yhr glaubt yn denen, den gott gesandt hatt. Wilchen gott der vatter allein auch dartzu vorordnet hatt. Darumb ists gar ein vberschwencklich reychtumb, ein rechter glaub yn Christo, denn er mit sich bringt alle seligkeit, vnd abnympt alle vnseligkeyt. Wie Mar. vlt. Wer do glaubt vnd taufft ist, der wirt selig. Wer nit glaubt, der wirt [A 4ᵃ] vordampt. Darumb der prophet Isa. x. Den reychtumb des selben glaubens ansach vnd sprach. Gott wirt eyn kurtz summa machen auff erden, vnd die kurtz summa wirt, wie ein synbflut eynfliessen die gerechtickeit, das ist, der glaub, darynn kurtzlich aller gebot erfullung steht, wirt vberflussig rechtfertigen alle die yhn haben, das sie nichts mehr bedurffen, das sie gerecht vnd frum seyn. Alßo sagt S. Pauel Ro. x. Das man von hertzen glaubt, das macht eynen gerecht vnd frum.

¶ Czum achten, Wie gaht es aber zu, das der glaub allein mag frum machen, vnd on alle werck ßo überschwencklich reychtumb geben, ßo doch souill gesetz, gebot, werck, stend vnd weyße vns furgeschrieben seyn, ynn der schrifft. Hie ist flenßsig zu mercken, vnd yhe mit ernst zubehalten, das allein der glaub on alle werck frum, frey, vnd selig machet, wie wir hernach mehr hören werden Vnd ist zu wissen, das die gantze heylige schrifft, wirt yn zweyerley wort geteyllet, wilche seyn. Gebot oder gesetz gottis, vnd vorheyschen oder zusagunge. Die gebott, leren vnd schreyben vns fur, mancherley gutte werck aber damit seyn sie noch nit geschehen. Sie weyßen wol, sie helffen aber nit, leren was man thun soll, geben aber keyn sterck dartzu. Darumb seyn sie nur datzu geordnet, das der mensch drynnen sehe sein vnuormügen zu dem gutten, vnd lerne an yhm selbs vortzweyffeln. Vnd darumb heyssen sie auch das alte testament, vnd gehören alle ynß alte testament. Als, das gebott, Du solt nit böß begird haben, beweysset das wir allesampt sunder seyn, vnd kein mensch vormag, zu sein on böße begirde, er thue was er will, Darauß er lernet an yhm selbs vortzagen vnd anderßwo zu suchen hulff, das er on böße begird sey, vnnd alßo das gebott erfulle, durch eynen andern, das er auß yhm selb nit vormag, alßo sein auch alle andere gebott, vns vnmuglich.

¶ Czum neunden, Wen nu der mensch auß den gebotten sein vnuormügen gelernet vnd empfunden hatt, das yhm nu angst wirt, wie er dem gebott gnug thue. Seyntemal das gebot muß erfullet seyn, ober er muß vordampt seyn. So ist er recht gebemütigt vnd zu nicht worden, ynn seynen augen, findet nichts yn yhm damit er müg frum werden. Dan ßo kumpt das ander wort. Die gottlich vorheyschung vnd zusagung, vnd spricht, [A 4ᵇ] wiltu alle gepott erfullen, deyner bößen begirde vnd sund loß werden, wie die gebott zwyngen vnd fobdern. Sihe da, glaub in Christum, yn wilchem ich dir zusag, alle gnad, gerechtickeyt, frid vnd freyheyt, glaubstu so hastu, glaubstu nit, so hastu nit. Den das dir vnmuglich ist, mit allen wercken der gebott, der vill vnd doch keyn nutz seyn mussen, das wirt dir leycht vnd kurtz, durch den glauben. Den ich hab kurtzlich, yn den glauben gestellet alle ding, das, wer yhn hat, sol alle ding haben vnd selig seyn, wer yhn nit hatt, soll nichts haben. Alßo geben die zusagung gottis, was die gepott erfobdern, vnd volnbringen, was die gepott heyssen, auff das es allis gottis eygen sey. Gepot vnd erfullung, er heysset allein, er erfullet auch alleyn. Darumb seyn die zusagung gottis, wort des newen testaments vnd gehoren auch vns newe testament.

¶ Czum zehenden, Nu seyn disse vnd alle gottis wort, heylig, warhafftig, gerecht, fridsam, frey vnd aller gütte voll, darrumb wer yhn mit eynem rechten glauben anhangt, des seele wirt mit yhm voreynigt, ßo gantz vnd gar, das alle tugent des worts, auch eygen werden der seelen. Vnd alßo durch den glauben, die seele von dem gottis wort, heylig, gerecht, warhafftig, fridsam, frey, vnd aller gütte voll, eyn warhafftig kind gottis wirt, wie Johan. 1. sagt. Er hatt yhn geben, das sie mugen kynder gottis werden alle die yhnn seynem namen glauben.

Hierauß leychtlich zu mercken ist, warumb der glaub ßo vill vormag, vnd das keyne gutte werck yhm gleych seyn mugen. Den keyn gut werck, hanget an dem gottlichen wort, wie der glaub, kan auch nit yn der seelen seyn, sondern alleyn das wort vnd glaube regiren, yn der seelen. Wie das wort ist, ßo wirt auch die seele von yhm, gleych, als das eyssen wirt gluttrodt wie das fewr auß der voreynigung mit dem fewr. Alßo sehen wir, das an dem glaubenn eyn Christen mensch gnug hatt, darff keynis wercks, das er frum sey, darff er den keynis wercks mehr, ßo ist er gewißlich empunden von allen gepotten vnd gesetzen, ist er empunden, so ist er gewißlich frey, Das ist die Christlich freiheit, der eynige glaub, der do macht, nit das wir mußßig gahn oder übell thun mugen, sondern das wir keynis wercks bedurffen zur frumkeyt vnd seligkeyt zu erlangen, dauon wir mehr hernach sagen wollen.

[B 1ᵃ] ¶ Czum eylfften, Weytter ists mit dem glauben alßo gethan, das, wilcher dem andern glaubt, der glaubt, yhm darumb, das er yhn fur eynen frumen warhafftigen man achtet, wilchs die größte ehre ist, die ein mensch dem andern thun kan, als widderumb die größte schmach ist, ßo er yhn fur eynen loßen lugenhafftigen leychtfertigen man achtet. Alßo auch wenn die seele gottis wort festiglich glaubt, ßo helt sie yhn fur warhafftig, frum vnd gerecht, da mit sie yhm thut die aller großsiste ehre, die sie yhm thun kann, denn da gibt sie yhm recht, da lessit sie yhm recht, da ehret sie seynen namen, vnd lessit mit yhr handeln wie er will, denn sie zweyffelt nit er sey frum, warhafftig ynn allen seynen worten. Widderumb kan man gott keyn grössere vnehre auffthun, denn yhm nit glauben, damit die seel yhn fur eynen vntuchtigen lugenhafftigen leychtfertigen helt, vnd ßouil an yhr ist, yhn vorleugnet mit solchem vnglauben, vnd ein abgott yhres eygens synn, ym hertzen widder gott auffricht, alß wolt sie es besser wissenn denn er. Wenn denn gott sihet, das yhm die seel, warheit gibt vnd alßo ehret durch yhren glauben, ßo ehret er sie widderumb, vnd helt sie auch fur frum vnd warhafftig, vnd sie ist auch frum vnd warhafftig durch solchen glauben, denn das man gott die warheyt vnd frumkeit gebe, das ist recht vnd warheit, vnnd macht recht vnd warhafftig. Die weyll es war ist vnd recht, das gotte die warheit geben werd. Wilchs die nit thun, die nit glauben, vnd doch sich mit vielen gutten werden, treyben vnd mühen.

¶ Czum zwölfften, Nit allein gibt der glaub ßouil,

das die seel, dem gottlichen wort gleych wirt aller gnaden voll, frey, vnd selig, sondernn voreynigt auch die seele mit Christo, als eyne brawt mit yhrem breudgam. Auß wilcher ehe folget, wie S. Paulus sagt, das Christus vnd die seel, eyn leyb werden, ßo werden auch beyder gutter, fall, vnfall vnd alle ding gemeyn, das was Christus hatt, das ist eygen, der glaubigen seele, was die seele hatt, wirt eygen Christi. So hatt Christus alle gütter vnd seligkeit, die seyn der seelen eygen. So hatt die seel alle vntugent vnd sund auff yhr, die werden Christi eygen. Hie hebt sich nu der frölich wechßel vnd streytt, Die weyl Christus ist gott vnd mensch, wilcher noch nie gesundigt hatt, vnd seyne frumkeyt [B 1ᵇ] vnubirwindlich, ewig, vnd almechtig ist, ßo er denn der glaubigen seelen sund, durch yhren braudtring, das ist, der glaub, ym selbs eygen macht vnd nit anders thut, denn als hett er sie gethan, ßo mussen die sund ynn yhm vorschlundenn vnd erseufft werden, Denn sein vnubirwindlich gerechtigkeyt, ist allenn sunden zustarck, also wirt die seele von allen yhren sunden, lauterlich durch yhren malschatzts, das ist des glaubens halben, ledig vnd frey, vnd begabt, mit der ewigen gerechtickeit yhrs breudgamß Christi. Ist nu das nit ein fröliche wirtschafft, da der reyche, eble, frummer breudgam Christus, das arm vorachte bößes hurlein zur ehe nympt, vnd sie entlebigt von allem übell, zieret mit allen gütern. So ists nit muglich, das die sund sie vordampne, denn sie ligen nu auff Christo, vnd sein ynn yhm vorschlunden, so hat sie ßo ein reyche gerechtickeyt ynn yhrem breutgam, das sie abermals, wider alle sund bestahn mag, ob sie schon auff yhr legen. Dauon sagt Paulus .1. Cor. 15. Gott sey lob vnd danck der vns hatt gegeben ein solch übirwindung ynn Christo Jhesu, ynn wilcher vorschlunden ist, der todt mit der sund.

¶ Czum dreytzehenden, Hie sichstu aber, auß wilchem grund dem glauben ßouil billich zugeschrieben wirt, das er alle gepott erfullet, vnd on alle andere werck frum macht. Denn du sihest hie, das er das erste gepott erfullet alleine da gepotten wirt, Du solt eynen gott ehren. Wenn du nu eytell gutt werck werist, biß auff die versenn, ßo weristu bennoch nit frum vnd gebist gott noch keyn ehre, vnd alßo erfullistu das aller erst gepott nicht. Denn gott mag nicht geehret werden, yhm werd dan, warheyt vnd allis gut zu geschrieben, wie er denn warlich ist, Das thun aber keyn gutte werck, sondern allein der glaube des hertzen. Darumb ist er allein, die gerechtickeit des menschen vnd aller gepott erfullung. Den wer das erste haubt ge= pott erfullet, der erfullet gewißlich vnd leychtlich auch alle ander gepott. Die werck aber seyn tobte ding, kunden nit ehren noch loben gott, wie wol sie mugen geschehen, vnd lassen sich thun gott zu ehren vnd lob, aber wir suchen hie den, der nit gethan wirt, als die werck, sondern den selbthetter vnd werckmeyster, der gott ehret, vnd die werck thut. Das ist niemant dan der glaub des hertzen, der ist das haubt vnd gantzis weßens der frumkeyt, darumb es eyn [B 2ᵃ] ferlich finster rede ist. Wenn man leret, die gottis gepott mit wercken zu erfullenn, ßo die erfullung fur allen wercken, durch den glauben muß geschehen seyn, vnd die werck folgen nach der erfullung, wie wir hörenn werdenn.

¶ Czum viertzehenden, Weytter zu sehen, was wir yn Christo haben, vnd wie groß gutt sey, ein rechter glaube. Ist zu wissenn, das fur vnd ynn dem altenn testament, gott yhm außzog vnd furbehilt alle erste men= liche gepurt, von menschen vnd von thierren, Vnd die erste gepurt war köstlich vnd hatt zwey grosse forteyll fur allen andernn kindernn, nemlich die hirschafft vnd priesterschafft obber künigreych vnd priesterthum, alßo das auff erden, das erste geporn kneblin, was eyn herr vbir alle seyne brüder vnd ein pfaff obber Babst fur gott Durch wilche figur bedeutt ist Jhesus Christus, der eygentlich, die selb erste menlich gepurt ist gottis vatters, von der Junpfrawen Marie. Darumb ist er ein künig vnd priester, doch geyst= lich. denn seyn reych ist nit yrdnisch noch yn yrdenischen, sondernn yn geystlichen guttern, als da seyn, warheyt, weyßheyt, frib, freud, seligkeyt ꝛc. Damit aber nit auß= getzogen ist zeytlich gutt, denn es ist yhm alle ding vnter= worffen, ynn hymell, erdenn vnd helle, wie wol man yhn nit sicht, das macht, das er geystlich, vnsichtlich regirt.

Alßo auch seyn priesterthum steht nit ynn den eußerlichenn geperdenn, vnd kleydern, wie wir bey den menschen sehen, sondernn es steht ym geyst vnsichtlich, alßo, das er fur gottis augen on vnterlaß, fur die seynen steht vnd sich selb opffert vnd allis thut, was eyn frum priester thun soll. Er bittet fur vns, Wie S. Paul. Ro. 8. sagt. So leret er vns ynnwendig ym hertzen, wilchs sein zwey eygentliche recht ampt eyniß priesters Denn alßo bitten vnd leren auch eußerlich menschlich zeytlich priester.

¶ Czum funfftzehenden, Wie nu Christus die erste gepurtt hatt, mit yhrer ehre vnd wirdickeit, alßo teyllet er sie mit allenn seynen Christen, das sie durch den glauben, mussen auch alle künige vnd priester seyn, mit Christo, Wie S. Petrus sagt .1. Pet. 2. Jhr seyt ein priesterlich künigreych, vnd ein küniglich priesterthum. [B 2ᵇ] Vnd das geht also zu, das ein Christen mensch durch den glauben ßo hoch erhaben wirt vbir alle ding, das er aller eyn herr wirt geystlich, denn es kan yhm kein ding nit schaden zur seligkeit. Ja es muß yhm alles vnterthan seyn vnd helffen zur seligkeyt, Wie S. Paulus leret Ro. 8. Alle ding müssen helffenn den außerweltenn, zu yhrem besten, es sey leben, sterben, sund, frumkeit gut vnd bößes, wie man es nennen kan. Item .1. Cor. 3. Alle ding seynd ewr, es sey das leben oder der tobt, kegenwertig oder zukünfftig rc. Nit das wir aller ding leyplich mechtig seyn, sie zu besitzen oder zu brauchen, wie die menschen auff erdenn, denn wir müssen sterben leyplich vnd mag niemant dem tobt entfliehen, ßo müssen wir auch viel andern dingen vnterligenn, wie wir yn Christo vnd seynen heyligen sehen, Denn diß ist ein geystliche hirschafft, die do regiert, yn der leyplichen vnterdruckung, das ist, ich kann mich on allen dingen bessern nach der seelen, das auch der tobt vnd leyden, müssen mir dienen vnd nützlich seyn zur seligkeyt, das ist gar ein hohe ehrliche wirdickeit vnd eyn recht almechtige hirschafft, ein geystliche künigreych, da keyn ding ist ßo gut, ßo böße, es muß mir dienen zu gut, ßo ich glaube, vnd darff seyn doch nit, sondern meyn glaub ist mir gnugsam. Sihe wie ist das ein köstlich freyheyt vnd gewalt der Christen.

¶ Czum sechzehenden, Vbir das seyn wir priester, das ist noch vil mehr, denn kúnig sein, darumb, das das priesterthum vns wirdig macht fur gott zu tretten vnd fur andere zu bitten, Denn fur gottis augen zu stehn vnd bitten, gepůrt niemant denn den priestern. Alßo hatt vns Christus erworben, das wir mügen geystlich, fur ein ander tretten vnd bitten, wie ein priester fur das volck leyplich tritt vnd bittet. Wer aber nit glaubt yn Christum dem dienet keyn ding zu gut, ist ein knecht aller ding, muß sich aller ding ergern. Datzu ist sein gepett nit angenehm, kumpt auch nit fur gottis augen, Wer mag nu außbencken, die ehre vnd höhe eyniß Christen menschen? durch seyn kúnigreych ist er aller ding mechtig, durch sein priesterthum ist er gottis mechtig, denn gott thut was er bittet vnd wil, wie do stet geschrieben im Psalter. Gott thut den willen der, die yhn furchten, vnd erhöret, yhr gepett, zu wilchen ehren er nur allein durch den glauben vnd [B 3ᵃ] durch keyn werck kumpt. Darauß man clar sihet, wie eyn Christen mensch frey ist von allen dingen vnd vbir alle ding, alßo das er keyner gutter werck, datzu bedarff, das er frum vnd seligk sey, sondern der glaub bringts ym alles vber flußsig. Vnd wo er ßo töricht were vnd meynet, durch ein gutt werck, frum, frey, selig obber Christen werden, ßo vorlúr er den glauben mit allen dingen, Gleych als, der hund, der ein stuck fleysch ym mund trug vnd nach dem schemen ym wasser schnapt, damit, fleysch vnd schem vorlör.

¶ Czum siebentzenden fragistu, Was ist den fur ein vnterscheydt, zwischen den priestern vnd leyen ynn der Christenheyt, ßo sie alle priester seyn? Antwort, Es ist dem wortlin priester, pfaff, geystlich vnd des gleychen vn= recht geschehen, das sie von dem gemeynen hauffen seyn gezogen, auff den kleynen hauffen den man itzt nennet geystlichen stand. Die heylige schrifft, gibt keynen andern vnterscheyd, denn das sie, die gelereten obber geweyheten, nennet ministros, seruos, oeconomos, das ist, diener, knecht, schaffner, die do sollen, den andern, Christum, glauben, vnd Christliche freyheit predigen, Denn ob wir wol alle gleych priester seyn, ßo kunden wir doch nit alle dienen obber schaffen vnd predigen. Alßo sagt S. Paulus .1. Cor. 4. Wir wollen nichts mehr von den leuthen gehalten seyn, denn Christus diener, vnd schaffner des Euangelij. Aber nu ist auß der scheffnerey worden eyn solch weltlich, eußerliche, prechtige, forchtsam hirschafft vnd gewalt, das yhr die recht weltlich macht, ynn kennen weg mag gleychen, gerad als weren die leyen etwas anders benn Christenleuth, damit hyngenummen ist der gantz vorstand Christlicher gnad, freyheit, glaubens, vnd allis was wir von Christo habenn, vnd Christus selbs, haben dafur vbirkummen, viel menschen gesetz vnd werck, seyn gantz knecht wordenn, der aller vntüchtigsten leuth auff erden.

¶ Czum achtzehenden, Auß dem allen lernen wir, das es nit gnug sey geprediget. Wen man Christus leben vnd werck oben hynn vnd nur als ein histori vnd Cronicken geschicht predigt, schweyg benn, ßo man seyn gar schweygt, vnd das geystlich recht oder anber menschen gesetz vnd lere predigt. Er ist auch vill, die Christum alßo predigen, vnd leßen, das sie ein mit leyden [B 3ᵇ] vbir yhn habenn, mit den Juden zurnen obber sonst mehr kyndisch weyß, drynnen oben. Aber er soll vnd muß alßo predigt sein, das mir vnd bir, der glaub brauß erwachß vnd erhalten werd. Wilcher glaub da durch erwechst vnd erhalten wirt. Wen mir gesagt wirt. Warumb Christus kummen sey, wie man sein brauchen vnd nießen soll, was er mir bracht vnd geben hat, das geschicht, wo man recht außlegt, die Christlich freyheit, die wir von yhm haben, vnd wie wir künig vnd priester seyn, aller bing mechtig. Vnd allis was wir thun, das fur gottis augen angenehm, vnd erhöret sey, wie ich biß her gesagt hab. Dann wo ein hertz alßo Christum höret, das muß frölich werden von gantzem grund, trost empfahen, vnd süß werden gegen Christo, yhn widderumb lieb zuhaben. Dahyn es nymmer mehr mit gesetzen obber werck kummen mag, Denn wer wil eynem solchen hertzen schaden thun, oder erschreckenn? felt die sund vnd der todt daher, ßo glaubt es Christus frumkeit sey sein, vnd sein sund sein nymmer sein, sondern Christi, ßo muß die sund vorschwinden, fur Christus frumkeit, ynn dem glauben, wie broben gesagt ist, vnd lernet, mit dem

Apostell dem tobt vnd sund trotz bieten, vnd sagen. Wo ist nu du tobt deyn sig? Wo ist nu tobt dein spieß? deyn spieß, ist die sund. Aber gott sey lob vnd danck, der vns hatt geben den sieg, durch Jhesum Christum vnsern herrnn. Vnd der tobt ist erseufft ynn seynem sieg ꝛc.

¶ Czum neuntzehenden, Das sey nu gnug gesagt, von dem ynnerlichen menschen, von seyner freyheit, vnd der heubt gerechtickeit, wilch keynis gesetzs noch gutten werckß bedarff, ja yhr scheblich ist, so yemant da durch wolt rechtfertig zu werden sich vormessenn. Nu kummen wir auffs ander teyll, auff den eußerlichen menschen Hie wollen wir antworten allen denen, die sich ergern auß den vorigen reden vnd pflegen zusprechen Ey so denn der glaub alle ding ist vnd gilt allein gnugsam frum zumachen. Warumb sein denn die gutten werck gepotten? so wollen wir gutter ding sein, vnd nichts thun. Neyn lieber mensch nicht also. Es wer wol, also, wen du allein ein ynnerlich mensch werist, vnd gantz geystlich vnd ynnerlich worden, wilchs nit geschicht biß am Jüngsten tag. Es ist vnd bleybt auff erden nur ein anheben vnd zu nehmen, wilchs wirt in yhener welt voln[B 4ᵃ]bracht. Daher heyssets der Apostell primitias spiritus, das sein die ersten frücht des geysts, drumb gehört hie her, das droben gesagt ist. Ein Christen mensch, ist ein dienstpar knecht, vnd yderman vntertthan, gleych, wo er frey ist, darff er nichts thun, wo er knecht ist, muß er allerley thun. Wie das zugahe wollen wir sehen.

¶ Czum zwentzigsten, Ob wol der mensch ynwendig nach der seelen, durch den glauben gnugsam rechtfertig ist, vnd alles hatt was er haben soll, on das der selb glaub vnd gnugde, muß ymer zunehmen, biß ynn yhenes leben. So bleybt er doch noch ynn dißem leyplichen lebenn auff erdenn, vnd muß seynen eygen leyp regiern vnd mit leuthen vmbgahen. Da heben sich nu die werck an, hie muß er nit müßsig gehn, da muß furwar der leyb mit fasten, wachen, erbeytten vnd mit aller messiger zucht getrieben, vnd geübt sein, das er dem ynnerlichen menschen vnd dem glauben gehorsam vnd gleychformig werde, nit hyndere noch widderstreb, wie sein art ist, wo er nit ge=

tzwungen wirt, denn der ynnerliche mensch ist mit gott eyniß, frólich vnd lustig, vmb Christus willen, der yhm souil than hat, vnd stett alle seyn lußt barynn, das er widderumb mocht gott auch vmbsonst dienen ynn freyer lieb, ßo findt er ynn seynem fleysch eynen widerspenstigen willen, der wil der welt dienen vnd suchen was yhn lustet Das mag der glaub nit leyden, vnd legt sich mit lußt, an seynen halß yhn zu bempfen vnd weren. Wie S. Pauel sagt Ro. 7. Jch hab ein lust, yn gottis willen nach meynem ynnernn menschenn, ßo find ich eynen andernn willen ynn meynem fleysch, der wil mich mit sunden gefangen nehmen. Jtem ich zuchtige meynen leyp vnd treib yhn zu gehorsam, auff das ich nit selbs vorwerfflich werde, der die andern leren soll. Jtem Gal. 5. Alle die Christum angehören, creutzigen yhr fleysch mit seynen bößen lüften.

¶ Czum eyn vnd zwentzigsten, Aber die selben werck, mussen nit geschehn ynn der meynung, das da durch der mensch frum werd fur gott, denn die falsch meynung kan der glaub nit leyden, der alleyn ist vnd sein muß die frumkeyt fur gott, sondernn nur yn der meynung, das der leyp gehorsam werde, vnd gereynigt von seynen bosen lüften, vnd das aug nur sehe, auff die bosen lüften, sie auß zu treyben, Denn die weyl die seel durch den glauben reyn ist, vnd gott liebet, wolt sie gern das auch also alle ding reyn weren [B 4ᵇ] zuuor yhr eygen leyp, vnd yberman gott, mit yhr liebt vnd lobt, So geschichts, das der mensch seyns eygen leyps halben nit kan müßsig gehen, vnd muß vil gutter werck drober oben, das er yhn zwinge, vnd doch die werck nit das rechte gutt seyn, dauon er frum vnd gerecht sey fur gott, sondern thue sie auß freyer lieb vmbsonst, got zu gefallen, nichts barynn anders gesucht noch angesehen, denn das es gott also gesellet, wilchs willen er gerne thet auffs allerbeste. Darauß denn ein yglicher kan selbs nehmen die maß vnd bescheydenheit den leyp zu Casteyen, Denn, er fastet, wachet, erbeyt, souiell er sicht dem leyp nott seyn, seynen muttwillen zu dempffen. Die andern aber, die do meynen mit wercken frum zu werden, haben keyn acht auff die casteyung, sondern sehen nur auff die werck, vnd meynen, wen sie der selben nur

viel vnd groß thun, ßo sey es wol than vnd sie frum
würden, zu weyllen zu brechen die köpff vnd vorterben
yhr leybe drüber, das ist ein große torheyt, vnd vnuor=
stand Christlichs lebens vnd glaubens, das sie on glauben,
durch werck frum vnd selig werden wollen.

¶ Czum zwey vnd zwentzigsten, Das wir des etlich
gleychniß geben. Soll man die werck eynis Christen
menschen der durch seynen glauben, vnd auß lautern gnaden
gottis, vmbsonst ist rechtfertig vnd selig worden, nit anders
achten, den wie die werck Adam vnd Eue ym parabiß
gewesen weren, Dauon Gen. 2. stett geschrieben. Das
gott den geschaffenen menschen, setzt ynß parabiß, das er
dasselb erbeytten vnd hutten solt. Nu war Adam von
gott frum vnd wol geschaffen, on sund, das er durch seyn
erbeytten vnd hutten nit durfft frum vnd rechtfertig werden,
doch das er nit müssig gieng, gab yhm gott zu schaffen,
das parabeys zu pflantzen, bawen vnd bewarenn. Wilchs
weren eytell frey werck gewesen, vmb keynß dings willen
gethan, denn allein gott zu gefallen, vnd nit vmb frum=
keyt zu erlangen, die er zuuor hett, wilch vns auch allen
naturlich were angeborn gewesenn. Also auch eynis
glaubigen menschen werck, wilcher durch seynen glauben ist
widderumb ynß parabiß gesetzt, vnd von newen geschaffen,
darff keyner werck frum zu werden, sondern das er nit
müssig gahe vnd seynen leyb erbeytt vnd beware, seyn
yhm solche freye werck zu thun alleyn gott zu gefallenn
befolhen.

[C 1ᵃ] Item gleych wie eyn geweyheter Bischoff,
wen der kirchen weyhet, fermelt oder sonst seynis ampts
werck vbet, ßo machen yhn die selben werck nit zu eynem
bischoff, Ja wenn er nit zuuor ein Bischoff geweyhet were,
ßo tüchte der selben werck keynß vnd were eytell narrnn
werck. Also eyn Christen, der durch den glauben ge=
weyhet, gutte werck thut, wirt durch die selben nit besser
oder mehr geweyhet (wilch nit denn des glauben mehrung
thut) zu eynem Christen, Ja wenn er nit zuuor glaubet
vnd Christen were, ßo gülten alle seyne werck nichts,
sondern weren, eytell nerrisch, strefflich vordamplich sund.

¶ Czum drey vnd zwentzigsten, Drumb seyn die zween

spruch war. Gutte frum werck machen nymmer mehr ein guten frumen man, sondern eyn gutt frum man, macht gutte frum werck Böße werck machen nymmer mehr eynen bößen man, sondern ein bößer man macht böße werck, alßo, das allweg, die person zuuor muß gut vnd frum sein vor allen gutten wercken, vnd gutte werck folgen vnd außgahn, von der frumen gutten person. Gleych wie Christus sagt. Ein bößer bawm tregt keyn gutte frucht. Ein gutter bawm tregt keynn boße frucht. Nu ists offenbar, das die frucht tragen nit den bawm, ßo wachßen auch die bawm nit auff den fruchten, sondern widerumb, die bawm tragen die frucht, vnd die frucht wachßen auff den bawmen. Wie nu die bawm muffen ehe seyn, den die frucht, vnd die frucht machen nit die bawm wider gutte noch böse, sondern die bawm machen die früchte. Alßo muß der mensch ynn der person zuuor frum oder böße seyn, ehe er gutte oder böße werck thut, Vnd seyne werck machen yhn nit gutt obder böße, sondern er macht gutt obder böße werck. Des gleychen sehen wir ynn allen handwercken. Ein gutt oder böße hauß macht keynen gutten oder bößen zymmerman, sondern ein gutter oder boßer zymmerman, macht ein böß oder gutt hauß, keyn werck macht eynenn meyster, darnach das werck ist, sondern wie der meyster ist, darnach ist sein werck auch. Alßo seyn die werck des menschen auch, wie es mit yhm stett ym glauben oder vnglauben, darnach seind seyne werck gutt oder böße. Vnd nit widerumb, wie seyne werck stehn darnach sey er frum obder glaubig, die werck, gleych wie sie nit glaubig machen, ßo machen sie auch nit frum. [C 1ᵇ] Aber der glaub gleych wie er frum macht, ßo macht er auch gutte werck. So dann die werck niemant frum machen, vnd der mensch zuuor muß frum sein, ehe er wirckt, so ists offenbar, das allein der glaub auß lauttern gnaden, durch Christum vnd seyn wort, die person gnugsam frum vnd selig machet. Vnd das keyn werck, keyn gepott, eynem Christen nott sey zur seligkeit, sondern er frey ist von allen gepotten, vnd auß lauterer freyheit, vmb sonst thut, alß was er thut, nichts damit gesucht seynes nutz oder seligkeyt, Denn er schon satt vnd selig ist, durch seynenn glaubenn, vnd gottis gnaden, sondernn nur gott darynnen gefallen.

¶ Czum .xxiiij. Widderumb dem, der on glauben ist, ist kein gutt werck furderlich zur frumkeyt vnd seligkeit, Widderumb keyn boße werck yhn boße vnd vordampt machen, sondernn der vnglaub, der die person vnd den bawm böß macht der thutt boße vnd vordampte werck. Darumb wen man frum odder boße wirt, hebet sichs nit an den wercken an, sondern an dem glauben, Wie der Weyße man sagt. Anfang aller sund, ist von gotte weychen vnd yhm nit trawen. Also leret auch Christus wie man nit an den wercken muß anheben vnd sagt. Entweder macht den bawm gutt vnd seyne fruchte gutt, oder macht den bawm bose, vnd seyne früchte böße, als solt er sagen, wer gutte frücht haben wil, muß zuuor an dem bawm anheben, vnd den selben gutt setzen. Also wer do wil gutte werck thun, muß nit an den wercken an heben, sondern an der person, die die werck thun soll. Die person aber macht niemant gut, denn allein der glaub, vnd niemand macht sie boße denn allein der vnglaub. Das ist wol war, die werck machen eynen frum odder boße fur den menschen, das ist, sie zeygen eußerlich an, wer frum oder bose sey. Wie Christus sagt. Matt. 7. Auß yhren früchten sollet yhr sie erkennen. Aber das ist alles, ym scheyn vnd eußerlich. Wilchs an sehenn yrre macht viel leuth, die do schreyben vnd leren, wie man gutte werck thun soll vnd frum werdenn. So sie doch, des glaubens nymmer gedenckenn, gahn dahynn, vnd furet ymmer ein blind den andernn, marternn sich mit vielen wercken vnd kummen doch nymmer zu der rechten frumkeit, von wilchen Sanct Paucl sagt. 2. Timo. 3. Sie haben eynen scheyn der frumkeyt, [C 2ᵃ] aber der grund ist nit da, gehn hynn vnd lernen ymmer vnd ymmer vnd kummen doch nymmer zur erkentniß der waren frumkeit. Wer nu mit den selben blinden nit wil yrren, muß weytter sehen, den hyn die werck, gepott, odder lere der werck. Er muß yhn die person sehen fur allen dingen, wie die frum werd. Die wirt aber nit durch gepott vnd werck, sondernn durch gottis wort (das ist, durch seyne vorheyschung der gnadenn) vnd ben glaubenn, frum vnd selig, auff das bestehe seyn gottliche ehre, das er vns nit durch vnser werck, sondern durch seyn gnebigs wort vmbsonst vnd lauter barmhertzickeit selig mache.

¶ Czum .xxv. Auß bißem allen ist leychtlich zuuorstehen, wie gutte werck zu vorwerffen vnd nit zuuorwerffen seyn. Vnd wie man alle lere vorstahn soll, die do gutte werck leren, dann wo der falsch anhang, vnd die vorkerete meynung dryn ist, das durch die werck, wir frum vnd selig werden wollen, seyn sie schon nit gutt, vnd gantz vordamlich, denn sie seyn nit frey, vnd schmehen die gnad gottis, die allein durch den glauben frum vnd seligk macht, wilchs die werck nit vornügen, vnd nehmen es yhn doch fur zu thun, vnd damit der gnaden, ynn yhr werck vnd ehre greyffenn. Drumb vorwerffen wir die gutte werck, nit vmb yhren willen, ßondernn, vmb des selben boßen zusatzs vnd falscher vorkerter meynung willen. Wilche macht, das sie nur gutt scheynen, vnd seyn doch nit gutt, betriegen sich vnd yderman damit, gleych wie die reyssend wolff, ynn schaffs kleydernn. Aber der selb boße zusatz vnd vorkerete meynung, ynn den werckenn, ist vnübirwindlich, wo der glaub nit ist. Er muß sein, ynn dem selben wirckheyligenn, biß der glaub kum vnd vorstöre yhn, die natur vormag yhn, von yhr selb nit auß treybenn. Ja auch nit erkennen, sondernn sie helt yhn fur eyn köstlich, selig dingk, drumb werden yhr auch ßo viel da durch vorfuret. Derhalben, obs woll gutt ist, von rewen, beychten, gnugthun, schreyben vnd predigenn, ßo man aber nit weytter feret biß zum glauben, sein es gewißlich, eitel teuffelische, vorfurische lere. Man muß nit eynerley allein predigen, sondernn alle beyde wort gottis, Die gepot, sol man predigen, die sunder zurschreckenn vnd yhr sund zu offenbarnn, das sie rewe haben vnd sich bekeren. Aber da soll es nit bleyben, man muß, das ander wort, Die zusagung der gna=[C 2ᵇ]ben auch predigen, den glauben zu leren, on wilchenn die gepott rew vnd allis ander vorgebenß geschicht. Es sein wol noch blieben prediger, die rew der sund vnd gnad predigen, aber sie streychen die gepott vnd zusagung gottis nit auß, das man lere, woher vnd wie die rew, vnd gnad kumme. Denn die rew, fleust auß den gepotten, der glaub, auß den zusagung gottis, vnd alßo wirt der mensch, durch den glauben gotlicher wort gerechtfertiget vnd erhaben, der durch die furcht gottis gepottis gebemütiget, vnd ynn seyn erkentniß kummen ist.

¶ Czum .xxvi. Das sey von den wercken gesagt ynn gemeyn vnd die ein Christen mensch gegen seynem eygen leybe üben sol. Nu wollen wir von mehr wercken sagen, die er gegen andere menschen thut. Denn der mensch lebt nit allein, ynn seynem leybe, sondern auch vnter andernn menschen auff erdenn. Darumb kan er nit on werck sein gegen die selbenn, er muß yhe mit yhn zu reden vnd zu schaffen habenn, wie wol yhm der selben werck keyns nodt ist zur frumkeit vnd seligkeyt. Drumb soll seyne meynung ynn allen werckenn frey vnd nur dahynn gericht seyn, das er andernn leutten damit biene vnd nütz sey. Nichts anders yhm furbilde, denn was denn andernn nott ist, das heyssit denn ein warhafftig Christen leben, vnd da geht der glaub mit lust vnd lieb ynß werck, als S. Paulus leret die Galatas. Denn zu den Philippernn, bo er sie geleret hatte, wie sie alle gnad vnd gnugde hettenn durch yhren glauben yn Christo, leret er sie weytter vnd sagt. Ich vorman euch allis trosts, den yhr ynn Christo habt, vnd allis trosts, den yhr habt von vnßer liebe zu euch, vnd aller gemeinschafft, die yhr habt mit allen geystlichen frumen Christen, yhr wolt meyn hertz erfrewen volkömlich, vnd das damit, das yhr hynfurt, wollet eyniß synnes seyn, eyner gegen dem andernn lieb ertzeygen, eyner dem andernn bienen, vnd ein yglicher acht haben, nit auff sich noch auff das seyne, sondernn auff den andernn, vnd was dem selben nott sey. Sihe da hat Paulus klerlich, ein Christenlich leben dahynn gestellet, das alle werck sollen gericht seyn, dem nehsten zu gutt, Die weyl ein yglicher fur sich selb gnug hatt an seynen glauben, vnd alle andere werck vnd leben yhm vbrig seyn, seynem nehsten damit auß freyer lieb zu bienen, Dartzu furet er ein, Christum zu eynem exempell vnd [C 3ᵃ] sagt. Seyt also gesynnet, wie yhrs seht yn Christo. Wilcher ob er wol voll gottlicher form ware vnd fur sich selb gnug hatte, vnd yhm sein leben, wircken vnd leydenn nicht nott ware, das er da mit frum obber seligk wurd. Dennoch hatt er sich des alles geeußert, vnd geperdet wie ein knecht, allerley gethan vnd gelidenn, nichts angesehen, denn vnßer beßtis, vnd alßo ob er wol frey ware, doch vmb vnßer willenn ein knecht wordenn.

¶ Czum xxvij. Alßo soll ein Christen mensch, wie Christus seyn heubt, voll vnd satt, yhm auch benugen lassen an seynem glaubenn, den selben ymer mehrenn, wilcher seyn leben, frumkeit vnd seligkeyt ist, der yhm gibt allis was Christus vnd gott hat, wie droben gesagt ist. Vnd S. Paul Gal. 2. spricht, Was ich noch ynn dem corper lebe, das lebe ich ynn dem glauben Christi gottis sohn. Vnd ob er nu gantz frey ist, sich wibberumb wil= liglich eynen diener machen seynem nehsten zu helffenn, mit yhm faren, vnd handeln, wie gott mit yhm durch Christum hanblet hatt, vnd das allis vmbsonst, nichts darynnen suchen denn gottliches wolgefallenn, vnd alßo denckenn. Wolan meyn gott hatt mir vnwirdigen vor= dampten menschen, on alle vordienst, lauterlich vmbsonst vnd auß eytel barmhertzickeit gebenn, durch vnd ynn Christo, vollen reychtumb aller frumkeit vnd selickeit, das ich hynfurt, nichts mehr bedarff, denn glauben es sey also. Ey so will ich solchem vatter der mich mit seynen vber= schwenglichen gutternn alßo vbirschuttet hatt, widerumb, frey, frölich vnd vmbsonst thun was yhm wolgefellet, Vnnd gegen meynem nehsten auch werden ein Christen, wie Christus mir worden ist, vnd nichts mehr thun, denn was ich nur sehe, yhm nott, nützlich vnd seliglich seyn, die weyl ich doch, durch meynenn glauben, allis dings yn Christo gnug habe. Sih also fleusset auß dem glauben die lieb vnd lust zu gott, vnd auß der lieb, ein frey, willig, frolich lebenn dem nehsten zu bienen vmbsonst. Denn zu gleych wie vnser nehst nott leydet, vnd vnßers vbrigenn bedarff, alßo haben wir fur gott nott geliben vnd seyner gnaden bedurfft. Darumb wie vns gott hatt durch Christum vmbsonst gehelffen, alßo sollen wir, durch den leyp, vnd seyne werck, nit anders ben dem nehsten helffen. Also sehen wir wie eyn hoch ebliß leben sey vmb ein Christlich leben, das [C 3ᵇ] leyder nu ynn aller welt, nit allein nyderligt, sondernn auch nit mehr bekandt ist noch geprediget wirt.

¶ Czum .xxviij. Alßo leßen wir Luce .2. Das die Junpfraw Maria zur kirchen gieng nach den sechs wochen vnd ließ sich reynigen nach dem gesetz, wie alle ander weyber, ßo sie doch nit gleych mit yhn vnreyn war, noch schuldig der selben reynigung, bedurfft yhr auch nit. Aber sie thetts auß freyer lieb, das sie die andere weyber nit vorachtet, sondernn mit dem hauffen bliebe. Alßo ließ S. Pauel, S. Timotheum beschneytten, nit das es nott were, sondernn das er den schwachglaubigen Juden nit vrsach gebe, zu bosen gedanckenn, der doch widderumb Titum nit wollt lassen beschneytten, da man drauff bringen wolt, er must beschnitten seyn, vnd were nott zur selig=keit. Vnd Christus Matt. 17. Da von seynen Jüngern ward die tzinß pfennig gefoddert, disputiert er mit S. Peter, ob nit kůnigs kynder frey weren zynß zu geben. Vnd sanct Peter, ia sagt. Hieß er yhn doch hynn gehen an das mehr vnd sprach, Auff das wir sie nit ergernn, ßo gang hyn, den ersten fisch du fehist, den nym vnd yn seynem maull wirstu finden eynen pfennig, den gib fur mich vnd dich. Das ist ein feyn exempell, zu dißer lere, da Christus, sich vnd die seynen freye kůnigs kinder nennett, die keynis dings bedurffen, vnd doch sich vnterlessit willig=lich, dienet vnd gibt den tzynß. Wie vill nu das werck, Christo nott war vnd dienet hatt, zu seyner frumkeit oder seligkeit, so vil sein alle ander sein vnd seyner Christen werck yhn not zur seligkeit, sondern sein allis frey dienste, zu willen vnd besserung der andern. Also solten auch aller priester, klöster vnd stifft werck gethan sein, das ein yglicher seynis stands vnd ordens werck allein darumb thet, den andernn zu wilfaren vnd seynen leib zu regieren, den andernn exempell zu geben auch also zu thun, die auch bedurffenn yhre leyb zu zwingenn, doch altzeit, fur=sehen das nit da durch frum vnd selig werdenn, furge=nommen werd. Wilchs allein des glaubens vormügen ist. Auff die weyße gepeut auch S. Paul Ro. 13. vnd Tit. 3.

Das sie sollen weltlicher gewalt vnterthan vnd bereyt sein, nit das sie da durch frum werden sollen, sondern das sie den andernn vnd der vbirkeit da mit frey bieneten, vnd yhren willen thetten auß lieb vnd freyheit. Wer nu dissen vorstand hette, der kund leychtlich sich richtenn, hnn die [C. 4ᵃ] vnzellichen gepotten vnd gesetzen des Babsts, der Bischoff, der klöster, der stifft, der fursten vnd herrnn, die etlich tolle prelaten alßo treyben, als weren sie nott zur seligkeit, vnd heyssen es, gepott der kirchen, wie wol vnrecht. Denn ein freyer Christen spricht alßo. Ich wil fasten, betten, diß vnd das thun, was gepotten ist, nit das ichs bedarff oder da durch wolt frum oder selig werden, sondern ich wils dem Babst, Bischoff, der gemeyn, oder meynem mit bruder, herrn zu willen, exempel vnd dienst thun vnd leydenn, gleych wie mir Christus viel grösser ding zu willen than vnd geliben hatt, des yhm vill weniger nott ware. Vnd ob schon die tyrannen vnrecht thun solchs zu sobdern, ßo schadets mir doch nit, die weyl es nit widder gott ist.

¶ Czum .xxix. Hierauß mag ein yglicher ein gewiß vrteyl vnd vnterscheydt nehmen, vnter allen werden vnd gepottenn, auch wilchs blind tolle oder recht synnige pre=laten sein. Denn wilchs werck nit dahynauß gericht ist, dem andernn zu bienen, oder seynen willen zu leydenn, ßo fern er nit zwing, wider gott zu thun, ßo ists nit ein gut Christlich werck. Daher kumpts, das ich sorg, wenig stifft kirchen, klöster, altar, meß, testament, Christlich seinn, Datzu auch, die fasten vnd gepett etlichen heyligen, son=derlich gethan. Denn ich furcht, das ynn den allen sampt ein yglicher nur das seyne sucht, vormeynend damit sein sund zu büssen vnd seligk werden. Wilchs allis kumpt auß vnwissenheit des glaubens vnd Christlicher freyheit, Vnd etlich blind prelaten, die leuth da hynn treybenn vnd solch weßen preyssen, mit ablas schmucken vnd den glauben nymmer mehr leren. Ich rate dir aber wiltu etwas stifften, betten, fasten, so thu es nit der meynung, das du wollist dir etwas guts thun, sondern gibs dahin frey, das andere leuth desselben genißen mugen vnd thu es yhn zu gut, so bistu ein rechter Christen, was sollen dir dein gütter vnd gute werck die dir übrig sein, dein leyb zu regieren vnd vorsorgen, so du gnug hast am glaubenn, darynn dir gott alle ding geben hat. Sihe also mussen gottis gutter fliessen auß eynem, yn den andern vnd gemeyn werden. das ein yglicher sich seynis nehsten also annehm, als were erß selb. Auß Christo fliessen sie yn vns, der sich vnser hatt angenommen ynn seynem lebenn, als were er das gewesen, das wir sein. Auß vns sollen sie fliessen, yn die, so yr bedurffen. Auch so gar, das ich muß auch [C 4ᵇ] meynenn glaubenn vnd gerechtickeyt, fur meynenn nehsten setzen fur gott, seyne sund zu decken, auff mich nehmen vnd nit anders thun, denn als weren sie meyn eygen, eben wie Christus vns allen than hatt. Sich das ist die natur der liebe, wo sie warhafftig ist, Da ist sie aber warhafftig, wo der glaub warhafftig ist. Darumb gibt der heylig Apostell, der lieb zu eygen. 1. Cor. 13 Das sie nit sucht das yhre, sondern, was des nehsten ist.

¶ Czum .xxx. Auß dem allenn folget der beschluß, das eyn Christen mensch lebt nit ynn yhm selb, sondern ynn Christo vnd seynem nehstenn, ynn Christo durch den glauben, ym nehsten, durch die liebe, durch den glauben feret er vber sich yn gott, auß gott feret er widder vnter sich durch die liebe, vnd bleybt doch ymmer ynn gott vnd gottlicher liebe, Gleych wie Christus sagt Johan. 1. Ihr werdet noch sehen den hymell offen stehn, vnd die Engell auff vnd absteygenn obir den Sun des menschenn. Sihe das ist, die rechte, geystliche, Christliche freyheyt, die das hertz frey macht, von allen sundenn, gesetzen, vnd gepotten, wilch alle andere freyheyt obirtrifft, wie der hymell die erdenn, Wilch geb vns gott recht zuuorstehen vnd behaltenn,

A M E N.

Warumb des Bapsts vnd seyner Jungern bucher von Doct. Martino Luther vorbrāt seynn̄.

Ласz auch anczeygen wer do wil, warumb sie D. Luthers bucher vorprennet haben̄.

Wittembergk.
D. M.
xx.

[A 2ª] **Jhesus.**
Allen liebhabernn Christlicher
warheyt, sey gewunscht gnad
vnd fried von gott.

Ich Martinus Luther, genant
Doctor der heyligen schrifft Augustiner zu Wittenbergk, fug meniglich zu wissenn, das durch meyn willen, radt vnnd zuthat, auff montag noch Sanct Nicolai ym M. D. xx. Jar vorprennet seyn die Bucher des Pabsts von Rhom vnd ettlich seyner Jungernn. Szo yemand sich des vorwundernn, wie ich mich wol vorsehe, fragen wurd, auß was vrsach vnd befelh, ich das than habe, der laß yhm hie mit geantwort seyn.

¶ Czum ersten, Ists eyn alt herkummer prauch, vorgifftig boß bucher zuuorprennenn, wie wyr leßen in Actis Apostolorum 19. Da sie vor funff tausent pfennig bucher vorpranten, nach der lere sanct Pauli.

¶ Czum andernn, So bynn ich yhe vnwirdig eyn getauffter Christen, Datzu eyn geschworner Doctor der heyligen schrifft, Vbir das ein teglicher prediger, dem seynis namenß, stands, eydiß vnd ampts halben, gepurt, falsch vorfurische vnchristliche lere zuuortilgen obber yhe wehren. Vnd wie wol viel mehr ynn gleycher pflicht seynn, die doch dasselb nit thun wolten obber mochtenn, villeycht auß vnuorstand oder geprechlicher furcht. Were ich dennoch nit damit entschuldigt, ßo meyn gewissen gnugsam vorstendigt, vnd meyn geyst, mutig gnug von gots gnaden erweckt, yemands exempell, ließ mich auff halten.

¶ Czum britten, Hett ich mich solches werck<s> dennoch nit vnterwunden, wo ich vit hett erfaren vnd gesehen, das der Pabst vnd die Bepstischen vorfurer, nit alleyn yrreten vnd vorfureten, sondern nach vielen vorgebenß von myr geschehenen vnterrich=[A 2ᵇ]tungenn ynn yhrem vnchrist= lichen yrthum, vnd seel vorterbenn, alßo gar vorstockt vnd vorharttet seynn, das sie nit alleyn, nit wollen sich weysen noch leren lassen, sondern blind hynn mit vorstopfften oren vnd augen, die Euangelische lere vordamnen vnd vorprennen, yhr Endchristische, teufflische lere zu bestetigen vnd erhalten.

¶ Czum vierden, Ich glaub auch nit, das sie des befelh haben, von dem Bapst Leo dem zehendenn, ßo viel es an seyner person ligt, ich erfar es ben noch anderß. Wilchem ich auch hoff solch von myr vorpranten, wie wol seyner vorfarn bucher selbs nit gefallen, vnd ob sie yhm gefiellen, myr darumb nichts bran gelegen. Ich weyß auch, vnd hab des gewiße kundtschafft, das die Kölner vnd Louener, wilch sich rumen, sie haben Keyßerlicher Maiestat vrlaub vnd befelh meyn buchle zuuorprennenn, der warheyt sparenn, denn sie solch furnehmen, mit vielen tausent gulden werb geschenck, von etlichen ampt leuten, erkaufft haben.

¶ Czum funfften, Die weyll dann durch yhr solch bucher vorprennen, der warheyt eyn groß nachteyl, vnd bey dem schlechten gemeynen volck, eyn wahn da durch erfolgen mocht, zu vieler seelen vorterbenn. Hab ich, durch anregen (wie ich hoff) des geystes, die selbenn zu stercken vnnd erhaltenn, der widdersacher bucher widderumb vor= prennet, angesehenn, yhr vnhöffliche besserunge.

Darumb wolt eyn yglicher sich nit lassenn bewegenn, Die hohen titell, namen, vnd geschrey, des Bepstlichen stands, des geystlichen rechts, des langwerigen prauchs, diser vorprantten bucher, sondernn, hör zu vnd sehe zuuor an, was der Bapst yn seynen buchernn geleret, vnd was ynn dem heyligenn geystlichenn recht, vorgifft vnd greulich lere stehen, vnd was wir bißher haben angepettet, an statt der warheytt. Vnd richte alß dan frey, ob ich recht= lich obber vnrechtlich biße bucher vorprennet hab.

[A 3ᵃ]
Artickell vnnd yrtumb. ynn des geystlichen rechts vnd Bepstlichen buchern, darumb sie billich zuuorprennen vnd zu meyden seyn.

Der erste.

Der Bapst, vnd die seynen, seynd nit schuldig gottis gepotten vntertan vnd gehorsam zu seyn. Dise grewlich lere, schreybt er klerlich yn dem capitel. Solite. de maioritate et obedientia, da er sanct Peters wort, der do sagt. Ihr solt aller vbirkeytt vntertan seyn, also außlegt. S. Peter hab nit, sich noch seyn nachfolger, sondernn seyne vnterthanen damit gemeynet.

Der ander.

Es ist nit eyn gepott, sondernn eyn radt S. Peters, da er leret, alle Christen solten denn künigenn vntertan seyn. ibidem.

Der dritte.

Die Sonne bedeutte, Bepstliche. der Monatt, die weltliche gewalt, ynn der Christenheyt. ibidem.

Der vierde.

Der Bapst vnd seyn stuel, seyn nit schuldig vntertan zu seyn Christlichen Concilijs vnd ordnungenn, cap. Significasti de elect.

Der funffte.

Der Bapst hab, ynn seynem hertzen, vollen gewalt vbir alle rechte. in prolo. Sexti.

Der sechste.

Darauß folget, das der Bapst, macht habe, alle Concilia vnd alle ordnung zu reyssen, wandeln vnd setzen, wie er benn teglich thutt, da mit keyn macht noch nutz vbirbleybt, ben Concilijs vnd Christlichen ordnungen.

[A 3ᵇ] **Der siebend.**

Der Bapst habe recht, zu fobdernn, eyd vnd pflicht, von Bischoffen, fur yhre menteell c. Significasti, contra illud. Gratis accepistis, gratis date.

Der achte.

Wen der Bapst, ßo boße were, das er vnzehlich menschen, mit grossen hauffen zum teuffell furet, durfft yhn dennoch niemant drum straffen, dis. 40. Si Papa. Dißer artickel, wo er alleyn were, solt er gnug vr= sach seyn, alle Bapsts bucher zuuorprennen, Was solten sie nit teuffellisch vnchristlich furnemen, wenn sie solch grewlich dingk vnuorschampt, halten vnd leren? Sie da Christen mensch, was dich geystlich recht lere.

Der neund.

Nehst gott ligt die seligkeyt der gantzen Christenheyt an dem Bapst, ibidem contra illud, Credo Ecclesiam san= ctam ꝛc. ßo müßten alle Christen vorterben, ßo offt der Bapst boß ist.

Der czehend.

Den Bapst mag niemand vrteylen auff erdenn, auch niemant seyn vrteyl richten, sondernn er soll alle menschen richten auff erben. 9. q. 3. c. Cuncta. Dißer artickell ist der heubt artickell, vnd das er ia wol eynsesse, ist er gar durch viel capitell, vnnd nahend durchs gantz geystlich recht, ymmer an vnd angezogen, das wol scheynet, wie das geystlich recht nur darumb sey ertichtet, das der Bapst, frey mocht thun vnd lassen, was er wolt, vrlaub zu sunden vnd hynderniß zum gutten gebenn. Besteht dißer artickell, ßo ligt Christus vnd seyn wort dar= nyder, Besteht er aber nit, ßo ligt das gantz geystlich recht mit dem Bapst vnd stuel darnyder.

Nu bestehet er yhe nicht, dann S. Peter gepeutt. 1. Pet. 5. Ihr sollet alle gegenander demutig seyn. Vnd S. Pauel Ro. 12. Ein yglicher halt den andernn höher dann sich. Vnd Christus viel mal sagt. Wer der größsist seyn will, der sey der geringist. Der [A 4ᵃ] maßen, straffet S. Paulus .S. Petrum Gal. 2. das er nit recht wandelt nach dem Euangelio. Vnd Act. 8. wart S. Peter mit S. Johanß außgesand, von den andernn Aposteln, als eyn vntertheniger. Darumb ists vnd mag nit war seyn, das der Bapst niemant vnterworffen noch zu richten sey, sondern er soll yderman vnterthan vnd zu richten seyn, die weyl er der obirst seyn will. Vnd das geystlich recht, weyl diß seyn grund vnd gantzs weßen ist, strebt es ynn allen stuckenn widder das Euangelium.

Es ist wol war, das weltlich gewalt yhren vnterern nit sol vnterthan seyn, aber Christus keret vnd wandelt das, vnd spricht. Ihr solt nit seyn, wie die weltlichen obirherrnn, vnd will, das seynes volcks obersten, sollen yderman vnterthan seyn, vnd von yhn gericht leyden. Wie er sagt, Luce. xxi. Die Fursten der Heyden seyn gewaltig obir sie, yhr sollet aber nit ßo seyn, ßondernn wer vnter euch will der obirst seyn, soll der vnterist seyn. Wie mag er aber vnterer seyn, wen er niemant obir sich will richten lassenn?

Wil man Christus wort zwingen (wie ettlich thun) er soll ym hertzen sich den vntersten achten, nicht eußerlich also ertzeygen, ßo muß man auch sagen, das er ym hertzen soll sich den obirsten halten, vnd nit eußerlich sich alßo ertzeygen. Vnd also entweder, beydes geystlich ym hertzen halten, oder beydes eußerlich ertzeygenn, das Christus wort bestehen mugen.

Diß ist der artickell, da alle vngluck auß kummen ist, ynn alle welt. Darumb das geystlich recht, als eyn vorgifftig ding, billich zuuortilgenn vnd zu meyden ist, Dan darauß erfolget, wie dan erfolget ist, offentlich yderman. Das man keynem boßen weren, keyn guttis fobbern kan, vnd wyr zu sehens mussen, das Euangelium vnd glauben lassen vntergahn.

Der eylefft.

Der Romisch stuel, gibt wol macht vnd crafft allen rechten, aber er ist yhr keynem vnterthan. xxv. q. 1. Das ist souiel gesagt. Was er will das ist recht, doch ist er

der keyniß ſchuldig zuhalten. Eben wie Chriſtus Matt. 23.
ſagt von den Judiſchen Phariſeen. Sie laden ſchwere
burden auff der menſchen ruden aber ſie wollenß nit mit
eynem finger anrúren, Da widder ſagt [A 4ᵇ] S. Pauel
Gal. 5. Steht ynn ewr freyheyt vnd ſeyt nit vnterthan
menſchenn geſetzenn.

Der czwolfft.

Der felß, da Chriſtus Matt. 16. ſeyne kirchen auff
bawett, heyſſit der Romiſche ſtuel. diſ. rix. cum proximis
ſuis. So doch alleyn Chriſtus, der ſelb felß iſt. 1. Cor. 10.

Der dreyczehend.

Das die ſchluſſell ſeyn alleyn S. Petro geben, ſo
doch Matt. 18. Chriſtus ſie, der ganzen gemeyn gibt.

Der vierczehend.

Das Chriſtus prieſterthum ſey von yhm auff S. Petrum
vorſetzt be conſtit. c. tranſlatio. Da wider ſagt Dauid.
ps. 109. vnd Paulus zu den Hebre. das Chriſtus eyn
eyniger ewiger prieſter ſey. Wilchs prieſterthum nymmer
mehr vorſetzt werde.]

Der funffczehend.

Das der Bapſt, gewalt hab, geſetz zu machen vbir
die Chriſtliche kirche. xxv. q. 1. ideo permittente. Da wider
S. Paulus ſagt. Gal. 5. Jhr ſeyd ynn eyn freyheyt von
gott beruffen.

Der ſechczehend.

Das er den ſpruch. Quodcunque ligaueris ꝛc. da=
hynn deuttet, das er gewalt hab, die ganz Chriſtenheytt
mit ſeynen muttwilligen geſetzen zu beſchweren, ſo doch
Chriſtus damit nit anderß will, denn die ſunder zur
ſtraff vnd puß treyben, vnd gar nichts die andernn vn=
ſchuldigen mit geſetzen belaben, wie die wort klar lautten.

Der siebenczehend.

Das er bey bann vnd sund gepeutt, ettlich tag nit fleysch, eyer, butter, bitz vnd das zu esszenn, so er doch des keyn gewalt hat, vnd nur freuntlich datzu vormanen solt eynitz yglichen frey willen vnd vnbedrungen lassenn.

[B 1ª] Der achczehend.

Das er dem gantzen priesterstand, die ehe vorpotten hatt, dadurch viel sund vnd schand on vrsach gemehret, Wider gottis gepott vnd Christliche freyheyt.|

Der neundczehend.

Das der Bapst Nicolaus, der dritt ober vierd, ynn seynem end Christlichen decretal, vnter vielen bößen stucken setzt, Christus hab mit den schlüsseln S. Petro vnd seynen nachkommend geben, gewalt des hymlischen vnd yrdenischen reychs. So yderman woll weyß, wie Christus, das yrdenisch reych floch, vnnd alle priester, die schlussell haben, doch nit alle keyßer seynd obir hymlisch vnd yrdenisch reych.

Der xx.

Das er die grosse vnchristlich lugen, das keyßer Constantinus yhm Rhom, land, reych, vnd gewalt geben hab auff erden, fur war helt, vnd foddert, dawider Christus sagt. Mat. 6. yhr sollit nit schetz samlen auff erden, Item, yhr mugt nit zu gleych dem gutt vnd gott dienen.

Der xxi.

Das er sich rumet, er sey des Romischen reychs erbe, de sen. et. re. iud. c. Pastoralis. So es yderman woll weyß, das geystlich ampt vnd weltlich regiment, sich mit eynander nit leyden. Vnd S. Paulus gepeut. Eyn Bischoff sol des wort gottis warten.

Der xxij.

Das er leret, Es sey billich, das sich eyn Christen mit gewallt gegen gewalt schutze, widder vnd obir Christum

Matt. 5. Wer dyr den rock nympt, dem laß auch den manteell.

Der xxiij.

Das die vnteren, mugen vngehorsam seyn yhren vbirherrnn, vnd die künige er entsetzen muge, wie das an vielen ortten er setzt vnd offt gethan, widder vnd vbir gott.

[B 1ᵇ] Der xxiiij.

Das er auch alle eyd, pund vnd pflicht, zwischen hohen vnnd nydern stenden geschehen zureyssen, macht habenn wil, wider vnd vbir gott, der gepeutt, yderman sol dem andern glauben halten.

Der xxv.

Der Bapst hab macht die gelubd got gethan ab zulegen vnd wandelnn, de vot. et voto. redemp. das auch wider vnd vbir gott ist.

Der xxvi.

Wer seyn gelubb vortzeugt zu erfullen, auß des Bapsts gepot, der ist nicht schuldig an des gelübbis vorprechen, ibidem, das ist souiel gesagt, der Bapst ist vbir gott.

Der xxvij.

Es muge keyner gott dienen, der ehlich ist, so doch Abraham, vnd vil heyligen ehlich gewesen. Vnd gott die ehe selbst eyngesetzt, antzweyfell. Also steygt der Endchrist aber vber gott.

Der xxviij.

Das seyn vnnütz gesetz, gleych macht den Euangelijs vnd heyliger schrifft, wie das ym Decrett. viel mal er antzeugt.

Der xxix.

Das der Bapst macht habe, die heyligen schrifft nach seynem eygen willen, zu deuttenn vnd furen, vnd niemant lassenn, die selben anders den er wil deutten, Damit er sich vbir gottis wort setzt, vnd dasselb zureysset vnd vortilget. So doch S. Pauel. 1. Cor. 14. sagt, Der vberer sol des vnterernn erleuchtung weychen.

Der XXX.

Das nit der Bapst von der schrifft, sondern die schrifft von yhm habe, glaubwirdigen bestandt, crafft vnd ehre, wilchs der heubt artickel eyner ist, darumb er als eyn rechter Endchrist, vordient, das yhn Christus vom hymel selbst, mit seynem regiment zurstore, wie Paulus vorkundigt hatt.

[B 2ᵃ] Jnn dissenn vnd der gleychen artickell, der vntzehlich viel mehr seynn, doch alle dahynn gericht, das der Bapst obir got vnd menschen sey, vnd er alleyn niemant, sondernn yberman yhm auch gott vnd die engell vnterthan sey, das sie auch selb sagen seyne Junger, der Bapst sey ein wunderlich ding. Er sey nit got sey auch nit mensch (villeycht der teuffell selbst) Wirt nu erfullet der spruch Pauli, da er sagt. Es wirt erfur kummen eyn mensch der sunden vnd eyn kynd des vorterbens, der wirt wider strebenn, vnd sich erheben, vber alles, was eynn gott geehret vnnd geheyssenn wirtt, durch wirckung, des bosen geystes ꝛc. Das er yhn nennet eynn mensch der sund vnnd kynd des vorterbens, meynet er nit seynn person alleyn, denn das were, kleyner schad, sondernn das seyn regiment, nit anders sey, denn sunde vnd vorterbenn, vnd er nur regiren wirt, alle welt zu sund vnd helle zu furen. Wie dann aus solchen artickell woll zu mercken, vnd am tag ist, das von dem Bapst, nichts dann sund vnd vorterbenn yhn die welt kummen ist, vnd noch teglich mehr kumpt.

Es habenn sie selbs, die das geystlich recht halten, wie woll yhn winckell, bekennet, das es stinck noch eytell geytz vnd gewalt, das ist auch war, vnd wer nit liegen will, mus das bekennen, dan wiltu wissenn mit kurtzen worten, was ym geystlichen recht stett, so höre zu. Es ist summa summarum.

Der Bapst ist eyn gott auff er-

denn vbir alle hymlische, erdisch, geystlich vnnd weltlich vnd ist alles seynn eygenn, dem niemandt darff sagenn,
Was thustu?

Das ist der grewell, vnnd stanck, da Christus von sagt. Matt. 24. Wen yhr werdett sehen, den stinckenden grewell, der alle ding wüst macht, das er stett, ynn der heyligen statt, dauon Daniel gesagt hatt, wer das lißet, der vorstehe es wol 2c. Vnnd Sanct Pauel. Er wirt sitzenn ynn dem tempell gottis (das ist ynn der Christenheyt) vnnd sich dar gebenn, als sey er eyn gott.

[B 2ᵇ] Das nu dem Bapst niemand oder wenig leuth, solch seyn grewel haben dürffen sagen, ist nit wunder, denn es vorkundigt ist, er werd alle die vorprennen lassen, die yhm widder streben, vnd werd anhang aller künig vnd fursten habenn. Wenn des Endchrists vorfurung, ßo grob were, das sie yberman mocht mercken, obber ßo geringe, das die kunig vnd grossen Haußen nit die furnehmsten drynnen weren, hetten die propheten vnnd Apostell vorgebenß, ßo viel vnd ßo ernsthafftig dauon geschreyen vnd geschriebenn.

Da Christus auff erden gieng, sprachen viel leutt, die seynn wort hörten vnd seyn werck sahen, wider die, die yhn nit wolten lassen Christum seyn, wen Christus schon kumpt, wie mag er mehr wunder thun, denn dißer thut? Alßo mummellt man itzt auch. Wen der Endchrist schon kumpt, was mag er mehr boßes thun, denn des Bapsts regiment than hatt, vnd teglich thut? Ist es doch nit glewblich, Wenn seyn regiment auß gott were, das er solt alßo viel vorterben vnd sund drauß kummen, vnd den bosen geyst ßo gar gewaltig drynnen regieren lassenn. Noch glauben wyr nicht, biß das wyr vorloren seynn, vnnd altzu langsam den Endchrist erkennen.

Gleych wie von anbegynn aller Creaturnn, das gröst übell ist altzeytt kummen von dem besten, Denn yn dem ubirsten kor der Engell, da gott am grostenn gewirckt hatt, sundiget Lucifer vnd thet grossen schadenn, Im paradeyß, an dem ersten besten menschen, geschach die groste sund vnd schadenn. Darnach Gen. 6. Wuchßen die ryßen vnd tyrannen, von niemant denn von den heyligen gottis kyndernn. Vnd Christus gottis sun wart nit gecreutzigt, denn ynn der heyligen stat Hierusalem da er am aller meysten, geehret war vnd viel wunder than hatt. vnd von niemant denn von den fursten vnd vbristen priestern, vnd aller gelertisten, aller heyligsten. Vnd Judas mußt auch keynen geringen, sondern den Apostell stant beschedigen, Alßo hatt gott auch keyn statt auff erdenn mit ßo viel gnadenn vnd heyligen gebenedeyet, als Roma, vnd yhr mehr than, den keyner [B 3ᵃ] ander. Drumb muß sie auch yhm zu danck, wie Hierusalem, den grosten schadenn thun, vnd der welt gebenn denn rechtenn scheblichsten Endchrist, der mehr schaden thue, denn Christus vorhynn gutts than hatt. Vnd alßo gaht es auch gewißlich, vnd das muß allis vnter dem namen vnd scheynn Christi vnd gottis zu gahen, das es niemand glaub, biß das er selb kumme vnd erleuchte solch finsterniß mit dem liecht seyner zukunfft, wie S. Pauel sagt.

Der artickell sey biß mal gnug, ist aber yemand des Bapsts vorwandter, vnd lustig, der vnterwind sich, die selben zu schutzen vnd vorfechten, ßo will ich sie yhm wol klerer außstreychen vnd der selben viel mehr auffbringenn. Es sollen diße eyn anfangk des ernsts seyn, denn ich bißher doch nur gescherßt vnd gespielt hab mit des Bapsts sach. Ich habs ynn gottis namen anfangen, hoff es sey an der tzeytt, das es auch ynn dem selben on mich sich selb auß fure. Hie bey will ich alle die artickell, die durch des Endchrists botten itzt von Rhom ynn der letzten Bullen vordampt vnnd vorprennet seynn, als die do Christlich vnd war seyn, begriffen, vnd ßoviel artickell, dem Bapst, auffgelegt, haben, die do Endchristisch vnd vnchristlich seyn, ßo viel meyner artickell vordampt seynn. Durffen sie meyn artickell, da mehr Euangeli vnd gegrundter heyligen schrifft ynnen ist (das ich an rum, mit warheyt sagen vnnd beweyßen will) denn ynn allen Bapsts bucher, vorprennen, ßo vorprenn ich viel billicher yhre vnchristlich, rechts bucher, dryn nen nicht guttis ist, vnd ob etwas guttis drynnenn were, wie dann ich von dem Decret muß bekennen, ßo ists doch alles dahynn getzogen, das es schaden thun soll, vnd den Bapst stercken ynn seynem Endchristischem regiment, dartzu desselben keynis nymmer wirt gehalten, fur vbrigem vleyß, alleynn waß boß vnd scheblich, das drynnen ist, zu halten.

Ich laß eynem yglichen seyn guttdunckel, mich bewegt

das am meysten, das der Bapst, noch nie keyn mal mit schrifft obber vornunfft wibberlegt, eynen der wi[der] yhn geredt, ge=[B 3ᵇ]schrieben obber gethan hatt, son[dern] allzeyt, mit gewalt, bannen, durch kunig, furstenn, sonst anhenger, oder mit listen vnd falschen worten truckt, voriagt, vorprant obber sonst erwurgt, des ich mit allen historien vbirtzeugen wil, hatt auch darumb n[ie] nie keyn richt noch vrteyll leyden wollenn, allzeyt gepl[ock] er sey vbir alle schrifft, gericht, vnd gewalt. Nu ists war, das die warheyt vnd gerechtickeit nit schewet das richt, ia nit lieberß hatt, denn licht vnd richt, leßsit gerun ansehen vnd probirnn. Die Aposteln gaben. Act[.] das vrteyll yhren feynden, vnd sprachen, richtet yhr se[lb] ab es billich sey euch mehr denn got horsam zu seyn, gewiß war die warheytt. Aber der Bapst, wil yber[aus] die augen blenden, niemant richten lassenn, sondern al[les] richtenn yberman, ßo gar vngewiß vnd furchtsam i[st] seyner sach vnd hendell. Vnd diß seyn gemenckell finster vnd schew des lichteß, macht das, wen der Ba[pst] eytell engel were, kund ich yhm dennoch nichts glaub[en] Eyn yberman billich hasset das finster gescheffte, vnd [liebt] das licht. A M E N.

In diesem allen erbiete ich mich stehn zu
recht, fur yberman.

Somson Judic. 15.
Sicut fecerunt mihi: sic feci eis.

¶ Gedruckt zu Wittembergk durch Johā. Grunenbergk
Nach Christ gepurt, 1 5 2 0.
J A .R